DE L'ÉTAT

DES BEAUX-ARTS

EN FRANCE,

ET DU SALON DE 1810.

DE L'IMPRIMERIE DE PH. HARDY,
rue Saint-Jacques, N° 71.

DE L'ÉTAT
DES BEAUX-ARTS
EN FRANCE,
ET DU SALON DE 1810.

PAR FR. GUIZOT.

Pictura, ars nobilis, cum expetitur à regibus populisque.

PLIN., lib. XXXV, c. I.

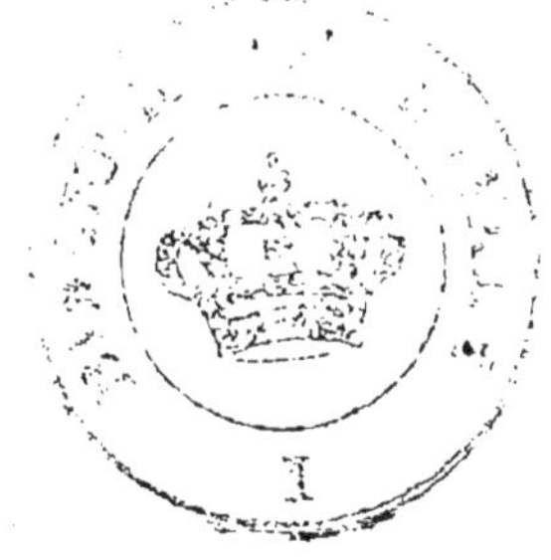

A PARIS,
CHEZ MARADAN, LIBRAIRE,
RUE DES GRANDS-AUGUSTINS, N° 9.
1810.

DE L'ÉTAT
DES BEAUX-ARTS
EN FRANCE,
ET DU SALON DE 1810.

C'EST un spectacle consolant pour ceux qui s'affligent aujourd'hui de la langueur de la littérature, que l'activité qui anime les artistes : si l'on plaçoit à côté de l'exposition des tableaux une exposition des livres, en vers ou en prose, qui ont paru depuis deux ans, les Belles-Lettres se tireroient avec peu d'honneur de cette lutte contre les Beaux-Arts. Laissons donc là les Belles-Lettres, pour ne pas médire toujours du temps présent, et occupons-nous de ces Arts qui, pour prix du véritable culte que leur rend notre siècle, lui promettent une véritable gloire, et qui, depuis l'époque des Médicis, n'ont jamais été étudiés avec plus d'ardeur que de nos jours. Quand une branche d'un arbre se dessèche, on doit voir avec plaisir la sève se porter vers celle qui fleurit encore; et, certes, la destination des artistes est assez belle, notre patrie peut espérer assez de leurs travaux et de leurs succès, pour que nous ne devions pas craindre de les examiner avec soin, de chercher ce qui les caractérise, ce qui leur manque, en rattachant nos observations à ces grandes et belles idées qui ont été consacrées par le génie des Grecs et par l'assentiment des siècles. Nous ne prétendons, à beaucoup près, ni parler de tous les tableaux du Salon, ni dire sur ceux dont nous parlerons tout ce qu'on pourroit dire; notre objet principal est d'appliquer au nouveau Salon quelques considérations générales sur l'état des Arts en France et la direction de l'École. Nous serons obligés de rappeler quelquefois des tableaux qui n'appartiennent pas à l'exposition de cette année, et qu'on a vus dans des expositions précédentes; mais nous ne rappellerons jamais que des noms et des tableaux très-connus : si l'amour des Arts, le sentiment de leur excellence, quelques études et une parfaite sincérité, peuvent fournir quelque chose de bon à dire, nos réflexions ne seront pas tout à fait inutiles. Quand les Grecs voulurent témoigner leur respect pour les Dieux, ils leur offrirent en don des tableaux et des statues : chaque État fit construire à Delphes un édifice qu'il appela *son trésor*, où il déposa les tableaux qui représentoient ses victoires les plus célèbres, les statues des hommes qu'il vouloit particulièrement honorer (1). C'est avec le même sentiment, c'est en regardant la collection des ouvrages de nos grands artistes comme un *trésor* national, que nous nous hasarderons à en parler. Puisque ce trésor appartient véritablement au public qui s'en enorgueillit, le public a le droit de chercher les moyens de s'enrichir encore davantage.

L'histoire des Arts en France présente

---

(1) *Recherches sur l'Art statuaire*, p. 93.

un singulier phénomène : sous Louis XIV, la sculpture se forma sur la peinture, ou du moins cette dernière exerça sur la marche et le caractère de sa rivale une influence remarquable. Le Brun fut nommé *inspecteur général de tous les ouvrages de sculpture :* Le Brun étoit peintre, et avoit pour son art une grande prédilection ; les statuaires, et Girardon lui-même, furent forcés de travailler le bronze et le marbre d'après les dessins de ce premier peintre. A la mort de Le Brun, Girardon prit sa place ; mais les sculpteurs se virent encore obligés de copier ses dessins ; et l'on sait que Pujet, indigné de cette injurieuse servitude, aima mieux quitter Paris que de s'y soumettre. On étoit généralement persuadé, et le comte de Caylus lui-même le croyoit encore, que « l'habitude du crayon étoit ce qui condui« soit le plus sûrement le sculpteur à son but, « et que le service de l'ébauchoir ne pouvoit « pas être comparé aux avantages qu'on reti« roit du crayon. » (1) Les Florentins avoient

(1) CAYLUS, *Éloge de Bouchardon*, p. 17 et 20.

peut-être contribué à propager cette idée : « Je puis vous enseigner l'art statuaire tout « entier dans un seul mot, disoit Donatello à « ses élèves: *dessinez.* » C'étoit aller et contre la nature de l'art et contre le sage précepte de Ghiberti, qui disoit, au contraire, que *l'art de modeler étoit le dessin du statuaire.* Mais, quoi qu'il en soit des avantages et des inconvéniens de l'opinion de Donatello, on ne peut nier qu'elle n'ait influé, particulièrement en France, sur la sculpture : au lieu de faire modeler les élèves en ronde-bosse, on ne leur fit plus exécuter que des bas-reliefs, et ces bas-reliefs étoient composés comme des tableaux; on y multiplioit les plans, on en augmentoit la saillie, etc. Les sculpteurs furent naturellement conduits par là à empiéter sur le domaine des peintres qui les dirigeoient, et ce fut sans doute une des causes qui les engagèrent à s'efforcer de faire passer sur le marbre ce que la toile seule pouvoit rendre à l'aide des effets de la lumière et des couleurs, cette vivacité, cette expression mobile et piquante des figures françaises, animées par l'esprit de société et de conversation : de là l'irrégularité des formes, et la corruption du goût, qui en est la suite; la beauté, la simplicité, la naïveté grecques, disparurent des statues, et les statuaires réussirent mal à leur donner le nouveau caractère auquel ils aspiroient, parce que ce caractère, en supposant même qu'il dût être l'objet des travaux de l'un des Beaux-Arts, ne pouvoit entrer convenablement dans le domaine du leur. (1)

Ce fut donc pour avoir méconnu et la nature de deux arts différens et les limites qui les séparent, qu'une fausse manière s'introduisit dans la sculpture. D'autres causes ont pu y contribuer, mais celle que je viens de rappeler me paroît devoir être regardée comme la principale. Aujourd'hui la roue a tourné : dans les Arts, *on a mis dessus ce qui étoit dessous;* ce n'est plus la sculpture qui se forme sur la peinture, c'est la peinture au contraire qui se forme sur la sculpture. Depuis qu'un homme célèbre,

---

(1) *Voy.* dans les *Recherches sur l'Art statuaire*, pages 469 et suiv., le développement de ces idées.

en nous ramenant au goût du vrai beau, a banni ce dessin maniéré, ce style de convention si long-temps à la mode, l'étude de l'antique est devenue la base de tous les travaux des artistes ; révolution vraiment heureuse, qui a remis parmi nous les Beaux-Arts en possession de leur véritable domaine et nous a rendu le véritable sentiment des Beaux-Arts, révolution dont les avantages sont visibles dans ses résultats.

En forçant les artistes à s'isoler, à faire dans la retraite des études longues et difficiles, elle les a affranchis du joug de la mode et des caprices du public ; elle a rompu des liens qui souvent avoient fait prendre au talent une direction fausse, et l'a remis en présence de ces chefs-d'œuvre toujours admirés, quoique si peu imités jusqu'alors. Le goût général étoit mauvais en France, ou plutôt il n'y avoit point de goût général : sous Louis XIV, l'opinion du monarque et de quelques grands seigneurs étoit la loi à laquelle se soumettoient les artistes. La fausse direction qu'elle avoit fait prendre aux arts se maintint jusqu'à ce que, par l'influence de M. David, les Grecs fussent devenus le vrai public de l'École; c'est parmi les marbres, qui peuvent être considérés comme leurs représentans, puisqu'ils sont leur ouvrage, qu'elle cherche ses modèles, ses points de comparaison, je dirois presque ses juges.

C'est là qu'elle a appris à estimer ce qu'on a toujours trop dédaigné en France, la simplicité : nos peintres l'ont justement admirée dans l'antique, et outre le desir de l'imiter que leur a inspiré cette admiration, ils y ont été naturellement conduits par cela seul qu'ils se formoient d'après des statues. La sculpture n'offre que des compositions très-simples, des poses naturelles, des figures isolées ou des groupes peu nombreux : nourris de ses ouvrages, nos artistes ont fait passer sur la toile le même caractère; plusieurs de leurs tableaux pourroient être copiés par le sculpteur, sans qu'il eût beaucoup à supprimer ou à changer. Quel beau groupe, par exemple, ne feroit pas un grand statuaire du *Bélisaire* de M. Gérard ? M. Constantin en a exposé au Salon une petite copie assez foible en émail sous le n° 1122 ; mais elle suffira pour faire sentir ce que je veux dire à ceux qui ne connoissent pas le tableau. Placez sous les mains d'Agésandre (auteur du Laocoon) un bloc de marbre; donnez-lui à en tirer ce vieillard aveugle, dont la tête imposante et le corps noble encore, quoique sillonné par la souffrance, offrent tant de beautés au génie de l'artiste : qu'il ait à mettre sur un bras de Bélisaire, appuyé de l'autre sur son bâton, un bel enfant, naguère conducteur de l'aveugle mendiant, maintenant porté par lui, la tête penchée, les membres languissans, piqué par un serpent encore entortillé à sa jambe.... certes, le statuaire fera jaillir de là un ouvrage sublime, et, sauf quelques lignes trop peu développées pour la sculpture, il aura conservé toute la composition du peintre. Veut-on un exemple plus étendu et moins frappant au premier coup d'œil? L'*Andromaque* de M. Guérin (n° 395) pourra le fournir; jamais tableau ne fut plus sagement composé : l'action est une, et tout s'y rapporte; au milieu de l'élan d'Andromaque, du geste rapide et très-développé de Pyrrhus, de la fureur d'Hermione qui s'éloigne, un calme parfait règne dans toute la composition, parce que tout y est en harmonie, bien ordonné : simplicité, intérêt, tranquillité, tout s'y trouve; mais n'est-ce pas dans l'étude de l'antique que l'artiste a appris l'art de réunir et de concilier ces mérites divers? C'étoit le talent des anciens que de savoir allier la vérité et la chaleur à une ordonnance belle et tranquille : ne reconnoît-on pas encore dans cette admirable figure d'Andromaque, dans l'art avec lequel les draperies sont ajustées et ne dérobent aucune des formes du corps, l'homme plein du souvenir des draperies de la Leucothée ou de la Cérès? Cette belle disposition des bras et des jambes de Pyrrhus ne rappelle-t-elle pas ces poses si naturelles et cependant si choisies dont il nous reste plusieurs modèles? On a trouvé que la figure d'Oreste étoit trop semblable à celles qu'on voit dans quelques bas-reliefs grecs (1); enfin, je le demande, ces figures, ces poses si nobles, si correctement

(1) *Gazette de France* du 12 novembre 1810.

dessinées, ne sont-elles pas susceptibles, surtout celles d'Oreste et de Pyrrhus, de passer une à une dans le domaine de la sculpture? n'en feroit-on pas de belles statues? Ce n'est qu'un mérite de plus à M. Guérin; peut-être aurons-nous lieu de voir que quelques inconvéniens viennent à la suite, mais, comme l'artiste n'a négligé d'ailleurs aucune des parties qui sont le propre de la peinture; comme sa couleur est bonne, ses expressions animées, ses contours vrais, rappeler l'antique est pour son tableau un avantage, puisque la nature de son sujet lui en faisoit une loi : peut-être même la tête de Pyrrhus ne le rappelle-t-elle pas assez; je ne puis m'empêcher d'y regretter un peu de noblesse; elle est trop ronde, et je doute qu'un œil exercé y retrouve jamais une physionomie grecque. M. Guérin a voulu sans doute faire allusion à l'étymologie du nom de *Pyrrhus* (πυῤῥὸς, *roux*) en lui donnant des cheveux presque roux : c'est aussi, je suppose, par une intention du même genre qu'il a représenté Oreste et Pyrrhus si jeunes, pour conserver la différence d'âge qui existoit entre eux et Andromaque, dont il a saisi admirablement le caractère de femme déjà veuve et mère, sans diminuer sa beauté. On ne sauroit trop louer dans un artiste cette attention scrupuleuse à ne choquer ni la vraisemblance, ni la vérité, à pénétrer dans tous les détails de son sujet; mais tant de soins ne peuvent détruire tout à fait un inconvénient auquel sont exposés ceux de nos peintres qui prennent leurs sujets dans l'antiquité : quelque familiers qu'ils soient avec les monumens qui nous en restent, avec leur caractère particulier, avec l'histoire, les mœurs de ces temps et de ces peuples, ils ne sauroient être à l'abri de quelque inconvenance, de quelque méprise; ils n'ont pas vécu avec les Grecs, ils ne sont pas Grecs, et je ne doute pas que les Grecs ne trouvassent dans leurs plus beaux ouvrages de quoi s'étonner et reprendre. Que diroient-ils, par exemple, d'un tableau (n° 729) où M. Serangeli, représentant *le désespoir d'Admète après la mort d'Alceste*, et par conséquent une scène des temps héroïques de la Grèce, a mis pour ornement dans le palais d'Admète l'Apollon du Belvédère, qui n'a été fait et n'a pu être fait que long-temps après, puisque l'art étoit encore alors dans sa première enfance? Cet anachronisme est étrange; et quoique les Grecs ne fussent pas minutieux en fait d'inconvenances, ils auroient, je crois, été choqués de celle-là.

Revenons au tableau de M. Guérin : ce sera pour lui reprocher un léger défaut, défaut qui peut-être a bien aussi sa cause dans cette étude de l'antique, source de tant de beautés : Oreste lève le bras droit, et fait du pouce un geste qui semble indiquer quelque chose derrière lui. L'artiste n'a-t-il voulu que donner à ce bras et à cette main une belle pose, ou la leur a-t-il donnée pour les faire servir à un geste d'indication? Dans le premier cas, ce seroit un tort que d'avoir mis dans la pose d'un des personnages du tableau quelque chose de non motivé, d'étranger à l'action : le sculpteur, ne représentant ordinairement qu'une figure, choisit la pose où elle se déploie de la manière la plus complète et la plus avantageuse ; il prend dans l'action le moment qui lui fournit les plus beaux développemens, et subordonne ainsi, si l'on peut le dire, l'action à la pose : le peintre représente une action, une scène, et doit subordonner toutes ses poses à cette action ; il est enchaîné par cette condition nécessaire ; et tandis que, dans une statue, c'est d'après la pose que le spectateur devine l'action, dans un tableau l'action connue dans son ensemble règle pour lui d'avance chaque pose particulière, et rend choquant à ses yeux ce qui ne s'y rapporte pas : la pose n'est ici que l'expression d'une action connue dans un moment donné ; elle est, en sculpture, la forme sous laquelle l'artiste présente une action isolée, dans un moment choisi à volonté ; on sent qu'il a, dans ce dernier cas, une liberté bien plus grande. Jamais le défaut de subordonner, en peinture, l'action à la pose n'a été plus visible que dans le tableau *des Sabines*, de M. David, d'ailleurs si plein de beautés, mais où Romulus, Tatius et Hersilie, sont évidemment posés autrement qu'ils n'ont pu et dû l'être dans l'action.

Si M. Guérin a eu, au contraire, en plaçant ainsi le doigt d'Oreste, une intention relative à l'action générale, je ne puis m'empêcher de trouver que cette intention n'est pas clairement exprimée; la raison en est facile à découvrir. Dans un tableau, les personnages ne sont liés, soit entre eux, soit au sujet, que par leurs actions, leurs mouvemens, et non par leurs paroles : ainsi c'est en se jetant aux genoux de Pyrrhus qu'Andromaque se rattache à l'action; c'est en étendant ses bras et son sceptre vers elle que Pyrrhus y tient, et c'est par des regards et un geste de colère qu'Hermione ne s'en sépare pas, même en s'éloignant. Si le geste d'Oreste se rapporte à quelque chose, il se rapporte aux paroles qu'il vient de prononcer, et sans doute ces paroles sont ces vers de Racine :

> Oui, les Grecs sur le fils persécutent le père;
> Il a par trop de sang acheté leur colère :
> Ce n'est que dans le sien qu'elle peut expirer,
> Et jusque dans l'Épire il les peut attirer.

Ce geste, en effet, semble indiquer les Grecs placés derrière leur ambassadeur, et prêts à fondre sur l'Épire : on sent que le spectateur qui ne sait point ce qu'Oreste vient de dire, ne peut comprendre ce qu'il fait : sans doute tous les accessoires doivent être significatifs, et les Grecs avoient eu grandement raison d'établir cette règle, source féconde de beautés poétiques ; mais cette signification doit être naturelle, sortir du sujet et y rentrer sans peine. Ne seroit-ce pas encore ici le tort d'un art qui veut empiéter sur le domaine d'un autre art ? M. Guérin n'auroit-il pas emprunté ce geste de la représentation dramatique d'Andromaque? Je crois l'avoir vu faire à Talma. Je n'ai pas besoin d'insister davantage sur la différence qui existe entre une scène où l'acteur, parlant à la fois aux yeux et aux oreilles, rapporte ses gestes à ses paroles comme à ses actions, sûr qu'ils seront expliqués par les unes comme par les autres, et une scène où l'artiste, ne parlant qu'aux yeux, est nécessairement forcé de ne subordonner les gestes de ses personnages qu'à leurs actions ou à leurs sentimens, s'il veut les rattacher clairement à l'action générale.

M. Girodet a observé cette loi avec un rare talent dans son tableau de *la Révolte du Caire* (nº 369); l'action naturellement compliquée ne permet pas d'exiger ici la simplicité que je viens de louer dans M. Guérin : je crois cependant que l'artiste auroit pu ne pas renoncer aussi absolument qu'il l'a fait à cet important mérite : il devoit sans doute, pour rendre l'effet d'un combat acharné dans une mosquée, offrir une mêlée et beaucoup de figures; mais puisqu'il avoit eu l'heureuse idée de faire d'une action particulière le véritable sujet de son tableau, il en devoit écarter tout ce qui pouvoit nuire à l'effet particulier de cette scène. Un hussard et un Arabe en sont les deux principaux acteurs; l'Arabe soutient d'un bras un jeune Turc blessé à la gorge, et de l'autre se prépare à frapper d'un revers de son sabre un dragon qui vient du fond du tableau, et lui porte un coup de pointe, quoique retenu par un petit Mameluck qui se précipite entr'eux tête baissée : le hussard, de son côté, s'élance pour attaquer l'Arabe occupé à se défendre de son autre ennemi; il est menacé lui-même par un Turc renversé qui va lui tirer un coup de pistolet ; il s'en garantit en saisissant d'une main le bras du Turc et pesant dessus de tout son corps, tandis qu'il lève l'autre pour la rabaisser sur l'Arabe placé en face de lui. Ce groupe est bien composé : chacune des six figures est bien en mouvement, bien livrée à son action particulière, et cependant bien liée à l'action générale : l'expression horrible et farouche de l'Arabe nu est adoucie par l'acte de bonté qu'on lui voit faire, puisqu'il soutient un jeune homme mourant : le hussard n'a point un caractère féroce ; une teinte de pitié pour le jeune blessé est même répandue sur ses traits ; les formes de cette figure se dessinent bien sous des draperies bien ajustées, et qui montrent qu'on peut sauver à force d'art quelques-uns des inconvéniens du costume moderne ; enfin ce devant du tableau n'offriroit qu'un heureux mélange d'objets terribles et d'objets touchans, si un nègre accroupi, embrassant, pour se soutenir, la cuisse de l'Arabe, inutile à l'action, et tenant d'une main une tête sanglante, n'en rompoit l'unité et n'en augmentoit sans motif l'horreur. Pourquoi M. Girodet, qui a fait plusieurs changemens à son tableau depuis l'ouverture du salon, n'en a-t-il pas aussi retranché cette hideuse figure? Elle en gâte l'effet en rendant horrible ce qui, sans elle, ne seroit que terrible: l'artiste n'en avoit pas besoin pour montrer qu'il savoit varier une même expression, selon la nature des personnages à qui il la prête. C'est en effet un mérite propre à M. Girodet que de peindre dans ses figures non seulement une expression momentanée, celle des passions qui les animent, mais encore l'expression permanente des mœurs, du caractère national, de la manière d'être habituelle. Son tableau de l'*Enterrement d'Attala* l'a déjà prouvé : ceux qui le connoissent se rappellent que la tête de Chactas est bien celle d'un sauvage; que rien dans sa physionomie ne rappelle l'homme civilisé, et que cependant tous les sentimens que pourroit éprouver dans une pareille situation le cœur le plus tendre, se trouvent peints dans ses traits où respirent la noblesse de la beauté et le naturel de l'inexpérience.

Ce même mérite, si grand et si rare, brille dans *la Révolte du Caire;* le sujet l'exigeoit: l'artiste a rempli sa tâche: l'Arabe et le hussard, animés d'un courroux pareil, d'un même courage, occupés de la même action, ont une expression entièrement différente; elle tient moins à la différence de leurs traits qu'à celle de leurs mœurs, de leurs idées, qui doivent nécessairement modifier leurs passions accidentelles, et paroître à travers ces passions. Le Français est beau, sa tête est noble; la pitié qu'il laisse paroître pour le jeune Turc blessé, ne l'empêche pas de faire son devoir de soldat, en cherchant à frapper l'Arabe qui le soutient: celui-ci est laid; il soutient le blessé, mais n'a point l'air d'y faire attention, d'en être ému: ainsi dans l'homme civilisé un sentiment tendre perce même au milieu d'une action cruelle; dans le sauvage, l'air de barbarie reste même au milieu d'une action d'humanité. Je ne sais si l'artiste s'est rendu compte à lui-même de cette combinaison, mais un génie heureux la lui a inspirée, et c'est ainsi que se créent les belles choses.

Ce dont il auroit dû peut-être se rendre compte plus attentivement, c'est de l'importance qu'a la beauté dans tous les ouvrages de l'art; les anciens, comme on sait, en faisoient leur but principal, souvent même unique : Pauson, qui se plaisoit à imiter des objets difformes, vécut pauvre et méprisé. « Qui voudra te peindre, dit une « ancienne épigramme, puisque personne ne « veut te voir? » Lessing ajoute, dans son *Laocoon* : « Maint artiste moderne diroit : « Sois difforme autant qu'on peut l'être, je « ne t'en peindrai pas moins : on n'aime pas « à te voir; qu'importe? on aimera à voir « mon tableau, non comme représentant ta « personne, mais comme un effort de mon « art, qui aura su rendre la difformité avec « tant de ressemblance. » (1) Les artistes comptent trop sur leur talent lorsqu'ils se flattent qu'il suffira seul pour assurer le succès d'un tableau : je ne crois pas que nous puissions être aussi exigeans que les Grecs en fait de beauté; nous devons, ce me semble,

(1) *Du Laocoon*, par Lessing, p. 11.

permettre aux Arts d'étendre leur domaine à l'imitation d'objets qui ne sont pas parfaitement beaux; nos mœurs, nos habitudes, notre mode d'existence politique, nous y obligent, et je pense d'ailleurs que la peinture ne sauroit être astreinte aussi rigoureusement que la sculpture à la loi de la beauté; mais cette plus grande liberté, que je crois inévitable, est un mal, et par conséquent un droit dont nos grands artistes devroient n'user qu'avec modération; c'est à eux de ramener sans cesse l'École à cette loi de la beauté, qu'elle n'aura que trop d'occasions d'enfreindre. M. David leur en donne un exemple bien sage : on reconnoît dans tous ses tableaux le soin continuel qu'il prend pour ne pas enlever à ses figures ce caractère de beauté si difficile à conserver sous de certaines conditions. Il y réussit fort souvent, et du moins il ne tombe presque jamais dans le défaut contraire. M. Girodet perd davantage cette idée de vue; le choix seul de ses sujets prouve qu'il n'y attache pas une très-grande importance, et je crois que, même dans les sujets qu'il traite, il pourroit mettre plus de beauté qu'il n'en laisse voir : il le devroit, car il le peut. Dans sa *Révolte du Caire*, le jeune Turc expirant est parfaitement beau ; le hussard français l'est aussi, quoiqu'il pût l'être davantage. Pourquoi le peintre n'a-t-il pas cherché à diminuer la laideur de ses Arabes, à ennoblir le dragon qui est sur le troisième ou quatrième plan ? La vérité en auroit souffert, dira-t-on ; excuse de paresseux : « Habiles à tout embellir, les Grecs ne craignoient pas de tout entreprendre. Les extrêmes n'intimidoient pas leurs mains savantes. La nature peut jusque dans ses écarts offrir de la grandeur. Le corps d'Ésope étoit contrefait ; son génie étoit divin. Le statuaire qui a modelé l'*Ésope* de la *Villa Albani* s'est principalement attaché à exprimer la physionomie, l'esprit, l'ame du poète. L'entreprise étoit difficile : celui qui n'eût pas été nourri de la théorie du beau n'eût imité que la maigreur et la difformité de son modèle. Les vices du squelette ne sont pas déguisés ; le rachitisme se voit jusque sur le visage. L'orbite des yeux est plus ouvert et moins profond que dans

« les têtes du haut style; on voit les prunelles; « une lèvre se porte légèrement à droite, et « l'autre vers le côté opposé. Le menton vient « en avant; la barbe courte et pointue pré- « sente peu de masses, elle annonce un homme « foible. Mais les muscles sourciliers sont « forts; le front est soutenu; l'enfoncement « des tempes le fait paroître plus grand. Les « cheveux crépus et groupés au haut de la « tête en augmentent l'élévation. Le mou- « vement des cheveux laissant les oreilles à « découvert, agrandit les plans des joues. « La barbe et les cheveux sont d'un beau « travail; la bouche est fine et gracieuse; « le regard animé se tourne vers le ciel; l'en- « semble de la figure a une vérité, une dou- « ceur, une noblesse inexprimables. » (1)

Voilà comment les artistes grecs surmontoient les difficultés, au lieu de se résigner à ne pas les vaincre. Et Raphaël, quand il a peint ses madones, avoit-il à leur donner un costume favorable à la beauté? Non sans doute; mais sous les vêtemens les moins gra-

(1) *Recherches sur l'Art statuaire*, p. 368.

cieux, il a su leur conserver une beauté parfaite, et répandre sur toute la figure une grace pleine de charmes. Je ne crois point, je le répète, à cette prétendue impossibilité d'ennoblir une figure humaine, et encore moins à l'avantage qu'il peut y avoir à l'enlaidir : certains artistes semblent, par la nature même de leur talent, forcés de négliger un peu la beauté; ils deviendroient froids s'ils y aspiroient, et la vérité est ce qu'ils excellent à rendre. M. Gros, par exemple, plein de verve, de feu, d'énergie, auroit tort, je crois, de chercher à prendre un style plus sévère :

> Ne forcez point votre talent ;
> Vous ne feriez rien avec grace.

Il a mis cette année au Salon deux grands tableaux ; l'un (n° 389) représente *la Prise de Madrid ;* l'autre (n° 390) *l'Empereur haranguant l'armée avant la bataille des Pyramides.* Dans le premier, qui est infiniment supérieur à l'autre, le groupe des Espagnols est peint avec un talent admirable; le commandant qui vient rendre la place, offre dans sa contenance, dans son costume, dans ses regards, une image parfaite de la vérité; les accessoires de cette figure sont arrangés avec beaucoup d'esprit, et tendent bien à augmenter l'effet général : ses cheveux qui paroissent n'avoir pas été poudrés depuis long-temps, le collet sale de son habit, tout parle à l'imagination fortement saisie. Le mouvement des Espagnols qui l'accompagnent, et qui, les yeux fixés sur l'Empereur pour obtenir la grace de leur patrie, étendent les bras en arrière vers les canonniers pour arrêter le bombardement, est d'un grand effet : les têtes ont un caractère vrai et original, la couleur en est naturelle et vigoureuse ; les mains sont fort bien dessinées et fort bien peintes. Tout est là d'une vérité rare, mais on y chercheroit en vain quelque beauté; il semble même que le peintre choisisse de préférence ses personnages dans les dernières classes de la société; le commandant, qui appartient à une classe plus relevée, n'a pas une expression très-noble, et les autres figures, à l'exception d'une seule, sont évidemment des hommes du peuple ; leur expression, leur costume, ont quelque chose de trivial. Un moine prosterné dans le fond, et dont on ne voit que le menton, prouve encore mieux peut-être que cette trivialité est un défaut naturel de l'imagination du peintre; on sent, par les vêtemens de ce moine et sous son capuchon, qu'il est fort gras : il y a, si j'ose le dire, quelque chose de profondément ignoble dans cet embonpoint attribué à un suppliant, et je ne crois pas que l'artiste fût tombé dans de pareilles erreurs s'il avoit eu en lui de quoi les éviter. Celui qui s'est élevé jusqu'à la beauté noble ne descend plus de là qu'avec peine; son imagination se refuse à des conceptions qui choqueroient ses sentimens les plus intimes et les idées dont il s'honore le plus.

Du reste, ce qui est la source des défauts de M. Gros, est en même temps celle de ses mérites. Il possède un talent vraiment naturel et original; on ne trouve dans ses compositions aucun de ces inconvéniens qui tiennent à la marche d'une école de peinture formée par l'étude des statues; il n'a ni froideur, ni roideur, ni appareil théatral : peut-être même son genre est-il celui qui convient le mieux aux sujets nationaux : ses défauts sont ceux de son génie, mais s'il forme une école, ils deviendront ceux de son école, et son école n'aura pas son génie : accoutumée à ne chercher que la vérité, sans y joindre la beauté comme condition nécessaire, elle tombera facilement dans une exagération hideuse, car elle n'en sera point préservée par l'habitude de vouloir des formes nobles et régulières ; elle s'appuiera sur des exemples tirés des ouvrages de son maître : le tableau de l'*Empereur haranguant l'armée avant la bataille des Pyramides,* lui en fournira plusieurs; parmi les trois Arabes ou Nègres qui sont sur le devant, il y en a deux d'une vérité rebutante; les figures même qui devroient avoir de la grandeur, en manquent ; le geste de l'Empereur est animé, mais la tête, et même le mouvement des bras, me paroissent dépourvus de noblesse. Si l'on veut sentir clairement la différence de manière qui existe entre M. Gros et les grands artistes de l'École actuelle, qui sont demeurés plus fidèles aux principes des Grecs sur l'importance du style noble, que l'on compare son *portrait du général de division comte Legrand* (n° 392) avec celui de *M. de C....*, *méditant sur les ruines de Rome* (n° 373), par M. Girodet : ce sont deux superbes portraits pleins de fermeté, de vérité, de vie; mais, en regardant celui de M. Girodet, on sent, malgré l'infériorité du coloris, que l'artiste, fidèle à la loi de Thèbes, qui commandoit d'embellir en imitant, a réuni le sentiment du *grandiose* au sentiment de la nature, et que, par cette heureuse alliance, il est parvenu à donner à son ouvrage un caractère historique que l'on chercheroit vainement dans celui de M. Gros; à la vérité, la tête que ce dernier avoit à peindre y prêtoit beaucoup moins. Ceci n'est point un mérite qui n'appartienne qu'à ce seul portrait de M. Girodet; on le retrouve dans plusieurs autres portraits de lui qui sont vraiment peints dans un style historique. (*Voyez* les n°s 371, 374, 376.)

Pourquoi donc ce grand peintre ne s'est-il pas toujours imposé la loi de chercher à conserver la beauté dans ses tableaux d'histoire? Je crains qu'il n'ait été souvent trompé par une idée trop répandue aujourd'hui dans l'École, et contraire aux progrès de l'art; c'est que l'énergie de l'expression est le point le plus important. Lessing a victorieusement réfuté cette erreur dans son *Laocoon*; mais cet ouvrage, quoique fort bien traduit par M. Vanderbourg, est trop peu connu des artistes, pour qu'il ne soit pas nécessaire d'en rappeler ici les principes : je citerai textuellement; je ne citerois pas, si je croyois pouvoir mieux dire: « L'art, dans les temps modernes, « dit Lessing, a beaucoup reculé ses bornes. « On veut que son imitation s'étende à toute « la nature visible dont le beau n'est qu'une « petite partie. Expression et vérité, voilà, « dit-on, ses premières lois; et comme la « nature même sait toujours, quand il le faut, « sacrifier la beauté à des vues plus élevées, « l'artiste doit subordonner cette même beauté « à la vocation plus générale qui l'appelle à « tout imiter, et n'en suivre les lois qu'autant « qu'elles s'allient à la vérité et à l'expression. « C'est assez pour lui de changer, par ces

« moyens, en beauté de l'art ce qui étoit lai-
« deur dans la nature.

« Supposons que, sans contester ces prin-
« cipes, on veuille préalablement les laisser
« pour ce qu'ils valent, n'existe-t-il pas des
« considérations qui en sont indépendantes
« et qui seules obligeroient l'artiste à se bor-
« ner dans l'expression, et lui défendroient
« de choisir jamais le dernier instant, le point
« extrême de l'action qu'il représente ?....

« Si l'artiste ne peut jamais saisir qu'un
« instant du mobile tableau de la nature ; si
« le peintre, en particulier, ne peut présenter
« cet unique instant que sous un seul point
« de vue ; si pourtant les ouvrages de l'art ne
« sont pas faits pour être simplement aper-
« çus, mais considérés, contemplés long-
« temps et à diverses reprises, il est certain
« qu'on ne doit rien négliger pour choisir
« ce seul instant et le seul point de vue de ce
« seul instant le plus fécond qu'il soit pos-
« sible. Nous ne pouvons entendre ici, par
« le plus fécond, que ce qui laisse à l'imagi-
« nation le champ le plus libre. Plus nous
« regardons, plus il faut que nous puissions

« ajouter par la pensée à ce qui est offert à « nos yeux ; plus notre pensée y ajoute, plus « il faut que son illusion paroisse se réaliser. « Mais, de toutes les gradations d'une affec- « tion quelconque, la dernière, la plus ex- « trême, est la plus dénuée de cet avantage; « il n'y a plus rien au-delà. Montrer aux « yeux ce dernier terme, c'est lier les ailes « à l'imagination. Ne pouvant aller au-delà « de l'impression reçue par les sens, elle est « forcée de s'occuper d'images moins vives, « hors desquelles elle craint de retrouver ses « limites dans cette plénitude d'expression « qu'on lui a offerte mal à propos. Si Laocoon « gémit, l'imagination peut l'entendre crier; « s'il crie, elle ne peut se représenter ce qu'il « souffre, d'un degré plus foible ou plus fort, « sans le voir dans un état plus passif, et par « là moins intéressant. Elle ne l'entendra plus « que soupirer, ou bien elle le verra mort.

« De plus, comme le moment unique au- « quel l'art est borné reçoit de lui une durée « constante, ce moment ne doit rien expri- « mer de ce que nous concevons comme « essentiellement transitoire. Il est, en effet,

« des phénomènes qui, d'après nos idées, « doivent par leur essence se manifester et « disparoître subitement, et qui ne peuvent « demeurer un instant ce qu'ils sont. Tous « ces phénomènes, agréables ou terribles, « prennent, dès qu'ils sont fixés par l'Art, une « apparence tellement contre nature, qu'à « chaque nouveau regard que nous leur don- « nons, leur impression devient plus foible, « et qu'ils finissent par nous inspirer l'hor- « reur ou le dégoût......

« De tous les peintres anciens, Timoma- « que paroît être celui qui s'étoit plu davan- « tage aux sujets où la passion est portée à « l'extrême. Son *Ajax furieux*, sa *Médée* « *infanticide*, étoient des tableaux fameux. « Mais il est évident, par les descriptions qui « nous en restent, que cet artiste avoit su « connoître et avoit rempli parfaitement les « deux conditions que nous venons d'expo- « ser; savoir, le moment de l'action où son « extrême degré n'est pas tant offert aux yeux « qu'à l'imagination du spectateur, et le de- « gré de passion qui, dans nos idées, n'est « pas assez nécessairement transitoire, pour

« que sa permanence doive nous choquer « dans un ouvrage de l'Art. Il n'avoit point « pris sa Médée dans le moment où elle « égorge ses enfans, mais quelques momens « avant ce crime, lorsque l'amour maternel « combattoit encore la jalousie. Nous pré-« voyons l'issue de ce combat ; nous trem-« blons d'avance de ne voir bientôt plus « Médée que barbare, et notre imagination « va bien au-delà de tout ce que le peintre « auroit pu nous montrer dans ce terrible « moment. Mais c'est pour cela même que « l'irrésolution de Médée, devenue perma-« nente dans le tableau, est si loin de nous « choquer, qu'au contraire nous voudrions « qu'elle eût été la même dans la nature, que « le combat des passions ne s'y fût jamais « décidé ; qu'au moins il se fût assez pro-« longé pour permettre au temps et à la ré-« flexion d'affoiblir la rage jalouse, et d'as-« surer la victoire aux sentimens maternels. « Aussi Timomaque s'étoit-il attiré, par cette « sagesse, de grands et de fréquens éloges, « et s'étoit élevé bien au-dessus d'un autre « peintre inconnu qui avoit eu assez peu de

« sens pour montrer Médée dans l'excès de « son délire, et pour donner à ce degré de « fureur, toujours passager, une perma- « nence qui révoltoit la nature. »

Qu'il y a de distance entre Timomaque et ce peintre inconnu! mais qu'il y en a peu entre ce dernier et un grand nombre de nos peintres modernes! M. Pajou a fait un tableau sur la dernière scène de *Rodogune* (n° 613); c'est le moment où Cléopâtre vient de faire elle-même l'essai de la coupe: l'effet du poison se manifeste malgré ses efforts pour le dissimuler; Rodogune s'en aperçoit, et s'écrie en retenant le bras d'Antiochus:

. . . . . . Seigneur, voyez ses yeux
Déjà tout égarés, troubles et furieux,
Cette affreuse sueur qui court sur son visage,
Cette gorge qui s'enfle, etc.

Le peintre s'est cru obligé de faire passer sur la toile toute cette description du poète, et sans doute il a pensé qu'il suffisoit de la citer pour prouver le mérite de son tableau, puisqu'il a fait mettre ces vers au bas de l'annonce dans le catalogue du Salon; comme s'il n'y avoit aucune différence entre un art qui montre et un art qui raconte : il n'a pas senti que le poète, entièrement occupé de l'effet pathétique, auquel il arrive par l'oreille, ne s'inquiétoit nullement de l'effet pittoresque, qui ne s'adresse qu'aux yeux, et n'avoit pas besoin de s'en inquiéter, puisque personne, en lisant ou en voyant jouer *Rodogune*, ne se demande, pour être ému, si Cléopâtre, en ce moment, est belle ou laide; tandis que le peintre ne parvenant à toucher qu'à l'aide de la vue, ne doit lui rien offrir qui la rebute ou la choque, s'il veut atteindre son but. Cléopâtre, Rodogune, Antiochus et tous les assistans, ont l'air de véritables possédés : aussi pourroit-on se permettre d'appliquer au tableau de M. Pajou, sauf la diversité des situations, l'épigramme que le poète Philippus fit contre la *Médée* du mauvais peintre ancien dont nous venons de parler : « Es-tu « perpétuellement altérée du sang de tes en- « fans ? as-tu éternellement à tes côtés un « nouveau Jason, une nouvelle Créüse pour « enflammer ta fureur ? » (1)

---

(1) *Antholog.*, l. IV, c. IX, ep. 10.

Pourquoi faut-il qu'il y ait des erreurs du même genre dans des tableaux remplis d'ailleurs de mérite, tels que le *Philoctète dans l'île de Lemnos*, de M. Monsiau (nº 581), et sur-tout le *Bombardement de Madrid*, de M. Vernet (nº 828)? Cette dernière composition offre de très-belles parties; il y a sur-tout un ensemble bien entendu, de la finesse et de la légéreté dans la touche; mais la tête de l'Espagnol qui regarde avec effroi une montre que tient M. le duc de Frioul, et sur laquelle l'Empereur indique l'heure à laquelle la ville doit être rendue, est de l'expression la plus exagérée; les traits semblent décomposés par l'étonnement et la peur. En général, on sent, à mon avis, devant ce tableau, que M. Vernet manque de la fermeté, du *grandiose*, nécessaires dans les sujets historiques. Quand on n'est pas sûr de l'énergie et de la richesse de ses moyens, on en cherche au-delà des limites de l'Art; et tandis que M. Gros, par trop de verve, exagère quelquefois des expressions vraies, M. Vernet s'est efforcé ici de suppléer par de l'exagération à la verve qui lui manque. Ce qui tend à le prouver, c'est que parmi les autres têtes, où il n'a pas eu besoin de rendre une expression si forte, plusieurs sont fort belles et pleines de vérité.

Quant au *Philoctète*, ce qui m'en frappe aussi, c'est que l'artiste n'étant pas à la hauteur de son sujet, a cherché à suppléer par de l'exagération au défaut de véritables ressources, et cependant son ouvrage est resté foible et incomplet. Pythagore le Léontin avoit fait une statue de Philoctète, qui sembloit, dit Pline, communiquer sa douleur aux regardans. (1) M. Monsiau a choisi un très-beau moment : Philoctète à qui l'on a rendu son arc et ses flèches, veut en percer Ulysse, mais Néoptolême le retient. Que de choses à mettre dans cette figure de Philoctète ! la douleur physique, la douleur morale, la soif de la vengeance ; et tout cela sur le front d'un héros, de l'ami d'Hercule ! M. Monsiau ne m'en

(1) Plin., l. XXXIV, sect. 19 ; et Lessing, *du Laocoon*, p. 20 et 334.

a presque rien offert, et cependant il y a de l'exagération dans son Philoctète, et encore plus dans son Néoptolême, à qui il a donné des yeux hagards, pour exprimer sans doute la rapidité avec laquelle il s'élance sur Philoctète pour lui arrêter le bras. Je ne puis m'empêcher de remarquer aussi que les figures sont très-foibles de dessin; dans celle de Néoptolême, le torse est beaucoup trop long proportionnément à la tête et aux jambes : M. Monsiau a besoin, je crois, de se tenir en garde contre ce défaut : on le retrouve dans un autre tableau de lui (nº 582), qui représente *un trait de valeur d'Alexandre* : ce prince, monté le premier à l'assaut de la ville des Oxidraques, a vu se rompre derrière lui son échelle; il s'est élancé dans la ville, et combat seul contre tous les ennemis. Cette composition est pleine de mouvement; elle est d'ailleurs d'un style noble et qui rappelle de beaux bas-reliefs; mais Alexandre et beaucoup d'autres guerriers ont le torse d'une longueur démesurée. Du reste, ce défaut paroît à la mode aujourd'hui, car M. Garnier y est tombé aussi dans son tableau d'*Éponine et Sabinus* (n° 334). Je ne suis pas bien sûr que la figure d'Éponine soit assise sur un lit : le peintre a eu, je crois, l'intention de l'asseoir ; mais elle est si mal sur ses hanches, a le torse si long, et est en tout d'une grandeur tellement disproportionnée, qu'il m'a été impossible de comprendre bien clairement sa pose. On peut voir encore, sous le n° 632, une *Éponine* de M. Pêcheux, d'une taille prodigieuse.

La manie de l'exagération est d'autant plus déplorable, qu'elle gâte souvent les plus beaux sujets : quelles horribles compositions, par exemple, ont défiguré *la Mort d'Abel et le Désespoir d'Adam et d'Ève !* Le Salon en offre deux ; l'une (n° 522) est de M. Libours : le peintre a appelé toute l'attention sur la figure de Caïn, qu'il a déployée *con amore* sur le devant de son tableau ; il a choisi le moment le plus affreux, celui où, dans sa fureur, il dit à ses parens : « C'est moi qui « l'ai tué ; maudits soyez-vous, vous qui « m'avez donné le jour ! » Non content d'accumuler une expression d'égarement, un geste de malédiction et des contractions hideuses, il a imaginé, pour ajouter à l'effet, de peindre Caïn s'enfonçant les ongles dans la poitrine ; c'est du moins ce que j'ai cru distinguer, malgré la hauteur où est placé le tableau. L'autre composition n° 224) est de M. Delorme : ici Caïn n'est vu que dans le lointain ; mais en s'éloignant, il gesticule avec une telle violence qu'on le diroit occupé à *boxer* : d'ailleurs, le spectateur n'a rien gagné à ne pas voir en face les fureurs de Caïn ; car les figures d'Adam et d'Ève n'offrent aucune beauté.

Comment se fait-il qu'un sujet si beau, si pittoresque, n'inspire pas quelque grand peintre ? En tout, l'histoire du premier âge du monde, le paradis, l'existence de l'homme avant sa chûte et peu après, me paroissent éminemment propres à fournir des tableaux sublimes : la poésie a montré le chemin à la peinture. Que ne tireroit pas un artiste plein de génie de cet admirable quatrième livre de Milton où sont retracées la beauté du paradis et celle de l'homme, les charmes d'une nature vierge encore et des innocentes amours des deux époux ! Que M. Guérin, M. Girodet, M. Gérard, nourrissent leur imagination de ce délicieux spectacle; qu'ils pénètrent avec Milton dans ces lieux enchantés où

La fable auroit cru voir les Graces, les Saisons,
S'entrelaçant en chœur, bondir sur les gazons;
Les fouler en cadence, et Pan même, à leur tête,
D'un printemps éternel y célébrer la fête; (1)

Paradis perdu, trad. de M. Delille.

qu'ils se disent qu'aucun paysage, aucune description des poètes, aucun rêve de l'imagination la plus riante, n'a égalé la beauté du paradis.

Au bosquet de Daphné que vient baigner l'Oronte,
Aux eaux de Castalie Éden auroit fait honte;
Ces bocages heureux qu'arrose le Triton,
Ces coteaux fortunés où Jupiter, dit-on,
Cacha Bacchus enfant et la chèvre Amalthée,
N'avoient rien de si beau dans leur île enchantée. (2)

---

(1) . . . . . . *While universal Pan,*
Knit with the Graces and the hours in dance,
Led on th' eternal spring.

Parad. lost, B. IV, v. 266.

(2) . . . . . . *Nor that sweet grove*
Of Daphne by Orontes, and th' inspir'd

Lorsqu'ils auront deviné, compris, contemplé cette nature ravissante, quand ils se seront élevés au-dessus de l'Arcadie du Poussin, des paysages de Claude Gelée, qu'ils se peignent l'homme et sa compagne, qu'ils soient frappés à leur aspect de cette admiration mêlée d'étonnement qui s'empara de Satan lui-même :

Parmi ceux qui peuploient ces bords voluptueux,
Un couple au front superbe, au port majestueux,
A frappé ses regards ; leur noble contenance,
Leur corps paré de grace et vêtu d'innocence,
Tout en eux est céleste, et l'ange des enfers
A d'abord reconnu les rois de l'univers.
Ils l'étoient, et tous deux étoient dignes de l'être;
En eux resplendissoit l'image de leur maître, etc. (1)
. . . .

Castalian spring, might vith this Paradise
Of Eden strive ; nor that Nyseian isle
Girt with the river Triton, where old Cham,
Whom Gentiles Ammon call, and Lybian Jove,
Hid Amalthea, and her florid son,
Young Bacchus, from his step-dame Rhea's eye.

Parad. lost, B. IV, v. 272.

(1) *Two of far nobler shape, erect and tall,*
God-like erect, with native honour clad

N'y a-t-il pas dans ces vers et ceux qui les suivent, de quoi prendre l'idée d'un tableau sublime? L'artiste peut y déployer la beauté physique la plus parfaite :

Tous deux de leurs beautés déployant le trésor,
De leurs sexes divers le plus parfait modèle,
Des hommes le plus beau, des femmes la plus belle,

In naked majesty, seem'd lords of all:
And worthy seem'd; for in their looks divine
The image of their glorious maker shone, . . .
. . . .
. . . . *Though both*
Not equal, as their sex not equal seem'd :
For contemplation he, and valour form'd,
For softness she, and sweet attractive grace;
He for God only, she for God in him.
His fair large front and eye sublime declar'd
Absolute rule; and hyacinthine locks
Round from his parted forelock manly hung
Clust'ring, but not beneath his shoulders broad:
She as a veil, down to the slender waist,
Her unadorned golden tresses wore
Dishevel'd, but in wanton ringlets wav'd
As the vine curls her tendrils, which imply'd
Subjection, ...

Paradise lost, B. IV, v. 288.

Délices l'un de l'autre, honneur du genre humain,
Erroient parmi les fleurs en se donnant la main. (1)

Rien ne le gênera, et il y joindra la beauté morale la plus pure :

L'un et l'autre aux regards des anges et de Dieu
Se présentoient sans voile; et leur nudité sainte
Comme elle étoit sans crime étoit aussi sans crainte. (2)

Je ne sais si je me trompe, mais je crois que le peintre pourroit, en se pénétrant de la sublimité de son sujet, s'élever à une grande hauteur et marcher dignement sur les traces du poète : et que de morceaux dans le *Paradis perdu* fourniroient l'idée de tableaux pareils! Qu'on se rappelle seulement l'étonnement d'Ève qui se contemple et s'admire dans une fontaine peu après sa création.

---

(1) *So hand in hand they pass'd, the loveliest pair*
That ever since in love's embraces met;
Adam the godliest man of men since born
His sons, the fairest of her daughters, Eve.

Parad. lost, B. IV, v. 321.

(2) *So pass'd they naked on, nor shunn'd the sight*
Of God or angels; for they thought no ill.

Ibid, v. 317.

Voilà ce que je voudrois voir entrepris et exécuté par quelque grand maître; voilà ce qu'auroient dû étudier ceux même qui ont traité *la Mort d'Abel;* car l'homme, après sa chûte, n'avoit pas encore perdu toute sa gloire, et l'art pouvoit, en représentant le premier meurtre commis sur la terre, s'emparer avec succès de ce qui restoit du Paradis. Par quel aveuglement la plupart de nos peintres veulent-ils méconnoître ce qu'ils peuvent et ce qu'ils doivent faire? Leur habitude d'outrer l'expression est d'autant plus étrange qu'ils ne l'ont certainement pas puisée dans leurs modèles, et qu'elle contrarie entièrement ce caractère de l'École moderne, de s'être formée d'après l'antique. Personne n'ignore en effet que la sculpture évite et doit éviter les expressions outrées plus soigneusement encore que la peinture: Comme le statuaire représente les objets tels qu'ils sont, dans toute la rondeur des formes, il craint ce qui les altère encore plus que le peintre qui, ne montrant les objets que tels qu'ils paroissent, peut en offrir toutes les apparences : celui-ci a plus de moyens pour rendre au même degré les expressions fortes, et y réussit par conséquent avec bien moins de sacrifices et d'efforts. De plus, quoique la toile soit aussi immobile que la pierre, il semble que le marbre fixe davantage les figures, et soit moins propre à rendre ce qui n'est pas permanent ; cela tient aux effets de la lumière et des couleurs qui, multipliés et variés dans un tableau, éloignent ou diminuent cette idée d'immobilité et de froideur qui s'attache nécessairement à une statue. « L'expression de la douleur et des passions, « dit M. Émeric David, peut être plus forte « dans un récit que dans une représentation « théâtrale, plus forte au théâtre que dans « un tableau, plus forte dans un tableau « que dans un ouvrage de sculpture. » (1) Aussi les statuaires anciens avoient-ils grand soin de fuir toute exagération de ce genre. « Voyez l'image de Panthée, dit Philostrate; « la douleur n'a point altéré sa beauté. (2) « Voyez Ménécée mourant, il semble s'en-

---

(1) *Recherches sur l'Art statuaire*, p. 389.

(2) PHILOSTRAT., L. II, icon. IX.

« dormir. (1) Voyez Antiloque mort, on di-« roit que son ame l'ait quitté dans un mo-« ment où il étoit heureux. » (2) Toutes les statues qui nous restent font foi de l'importance que l'on attachoit à l'observation de ce principe : pourquoi donc l'École actuelle, qui leur doit sa restauration, qui en fait, avec raison, sa loi et ses modèles, s'en écarte-t-elle si souvent? Je ne sais si je me trompe, mais je crois que notre révolution a eu à cet égard une influence fâcheuse; elle nous a accoutumés à voir des scènes hideuses, épouvantables : nous avons pris une cruelle habitude du sentiment de l'horreur, et les artistes nous regardent comme des gens émoussés sur lesquels on ne peut faire effet qu'en exagérant la nature. On ne sauroit disconvenir d'ailleurs que, pendant ce temps, une exagération pleine de charlatanerie n'ait régné en France : l'expression des sentimens les plus simples, les plus honorables, a été défigurée, outrée; les énergumènes ont eu

(1) PHILOSTRAT., L. I, icon. IV.
(3) *Ibid.*, L. II, icon. VII.

leurs partisans, leurs succès : les traces de ces habitudes déclamatoires seroient aisées à trouver dans la langue et même dans les habitudes contraires qui s'établissent aujourd'hui au milieu de la bonne compagnie, où l'on doit parler très-bas, marcher très-doucement, ne faire aucun geste, ne s'abandonner à aucun mouvement de l'ame, à aucune saillie de l'esprit, en un mot, s'effacer presque sans réserve ; elles existent aussi dans les arts qui sont, comme la littérature, soumis à l'influence des mœurs, des manières et des opinions régnantes. Vasari regardoit cette exagération de l'expression comme un signe de décadence ; il la reprochoit aux Grecs du treizième siècle, qui représentoient, dit-il, leurs personnages avec les yeux égarés, les mains ouvertes et se roidissant sur la pointe des pieds : (*con occhi spiritati e mani aperte, in punta di piedi*) (1). Ne diroit-on pas qu'il a voulu décrire quelques-uns de nos tableaux modernes? Je suis loin cependant de croire

(1) VASARI, *Proem. dell. part. I, dell. vit.*, etc.

que l'Art soit chez nous près de sa décadence ; on peut assigner les causes de ses écarts : ces causes ont tenu à l'époque de sa régénération ; elles n'existent plus, et, en les signalant, on peut espérer que nos grands artistes se déroberont aux restes de leur influence, et donneront à l'École de sages exemples en renonçant à ces attitudes forcées, à ces expressions outrées qui dégradent la nature et l'Art en détruisant la beauté.

Un desir mal entendu d'étaler des connoissances anatomiques n'auroit-il pas contribué à les y conduire ? Quelques-uns de leurs tableaux, et sur-tout ceux de M. Girodet, nous donnent le droit de le penser : nous retrouvons encore ici l'influence de la sculpture sur une école de peinture qui s'est formée d'après des statues : on sait en effet que les statuaires, représentant le corps humain tout entier, sont obligés d'en étudier avec grand soin la structure, et que, pour y parvenir, ils s'exercent à modeler *le dessous* avant *le dessus*, c'est-à-dire que, dans leurs études, ils construisent d'abord le squelette, le recouvrent ensuite de muscles, et placent enfin sur ces muscles la chair et la peau : telle est du moins la marche de leurs pensées ; les statuaires anciens s'y conformoient dans leur pratique, et plusieurs pierres gravées représentent Prométhée modelant le squelette d'un homme : (1) le sculpteur, même en travaillant sur le marbre, doit s'appliquer d'abord à marquer sur le bloc *le dessous* avant de songer *au dessus*, s'il veut donnner à sa figure de la correction, de l'élégance et de la vérité ; car c'est de la bonne structure du squelette, de son à plomb, de sa courbure, de ses jointures, que dépend sur-tout le mérite d'une statue : en peinture ce mérite est nécessaire, mais il ne doit pas paroître autant, puisque le peintre ne présente au spectateur qu'une seule face *du dessus ;* il peut faire les mêmes études, les mêmes travaux que le statuaire ; son ouvrage y gagnera sans doute, mais il doit les cacher davantage, donner plus d'attention aux apparences, à la manière dont la chair et la peau enveloppent et dérobent à l'œil les os et les muscles. Qu'arrive-

(1) *Recherches sur l'Art statuaire*, p. 200.

t-il aujourd'hui à la plupart de nos peintres? Ils ont bien étudié l'antique, ces beaux torses du Discobole, du Jason, du Lantin; et ils croient de leur devoir de reproduire dans leurs tableaux, d'une manière aussi marquée, aussi distincte, toutes les articulations, tous les muscles : ils ne songent pas que le sculpteur, pour donner au marbre l'air de la vie, a besoin d'y prononcer très-nettement et plus nettement même qu'elles ne le sont dans la nature, toutes les formes du corps humain, de faire bien sentir *le dessous* à travers *le dessus;* tandis que le peintre qui, n'eût-il à produire que le même effet, tireroit de l'emploi des couleurs, des ressources à l'aide desquelles il pourroit se dispenser d'articuler si distinctement les formes, et qui a d'ailleurs à produire un effet différent, celui de présenter l'apparence du corps humain, doit s'occuper moins des détails anatomiques et davantage des masses que forment les chairs. Qu'ils regardent la nature, les os et les muscles y sont; mais sont-ils visibles, saillans, comme dans leurs tableaux? Je veux bien croire qu'il faut les rendre un peu plus sensibles; mais je suis convaincu qu'un artiste qui, sachant parfaitement l'anatomie, ne prendroit d'ailleurs pour modèle que le corps humain, nous offriroit des figures beaucoup moins anatomisées que celles de la plupart de nos peintres qui ont peut-être moins étudié la nature que l'antique, ou qui, pleins de l'antique, ont porté dans leur manière de voir la nature, des habitudes et des préjugés qui leur ont fait sacrifier à la science cette précieuse vérité que la science devroit se borner à servir.

La beauté en souffre encore plus peut-être que la vérité. On sait que lorsque les anciens vouloient représenter un dieu, ils faisoient disparoître les veines et tout ce qui eût donné aux formes du corps quelque chose de heurté et de pénible, peu d'accord avec une nature céleste. Un pareil moyen ne peut convenir à la peinture, mais l'effet qu'elle veut tirer d'une méthode contraire sera manqué, si elle l'exagère au point de le rendre insupportable. Dans le tableau si connu de M. Girodet, représentant *une Scène du déluge*, les deux figures d'hommes étoient surchargées de détails anatomiques : la situation en exigeoit peut-être beaucoup ; mais je crois que le peintre avoit encore été au-delà, et ce soin minutieux ne contribuoit pas peu à augmenter outre mesure l'impression horrible que faisoit la situation : la même exagération produit, selon moi, le même effet dans *la Révolte du Caire;* les Arabes nus, le bras du Turc assis, etc., sont anatomisés comme l'écorché. Ce qui n'est chez les maîtres qu'un abus de la science et du talent, devient chez les élèves un défaut ridicule : aussi plusieurs tableaux du Salon offrent-ils des figures qui ressemblent à de vraies caricatures du corps humain. J'en ai remarqué un de M. Dorcy (n° 254) représentant *un Chasseur et sa Maîtresse arrêtés près du tombeau de deux amans :* on ne s'attend pas d'abord à y trouver quelque part trop d'anatomie; les figures sont foiblement dessinées ; on ne voit même ni dans les jambes, ni dans les genoux, une indication assez prononcée des os et des muscles, mais tout à coup on aperçoit à l'épaule de l'homme une clavicule si fortement articulée, qu'on est tenté de croire que l'artiste a voulu montrer qu'il en savoit la place. Quand la figure seroit pleine d'ailleurs de grace et de charme, un tel défaut les lui enlèveroit sans retour.

Je n'ai garde de vouloir détourner les peintres des études d'anatomie; elles sont de rigueur, et sans elles le dessin ne peut avoir ni énergie, ni correction; mais à quoi bon les laisser trop voir? Le Créateur du corps humain savoit bien aussi l'anatomie, et cependant, quand il a voulu créer la beauté, il a enveloppé sa science sous des formes à la fois énergiques et moëleuses : que nos artistes l'imitent, ce n'est qu'ainsi qu'ils reproduiront dignement ses œuvres. Une circonstance particulière a pu contribuer à les induire en erreur à cet égard : c'est cette idée fausse par laquelle le maître de l'école a cru devoir transporter le nu dans des tableaux d'histoire : rien en effet n'est plus tentant pour un homme plein de connoissances anatomiques, que cette occasion de les déployer : on a beaucoup discuté sur ce sujet, et, à mon avis, la violation absolue de la vérité et de la vraisemblance est une raison assez forte pour faire condamner le célèbre auteur du *tableau des Sabines*; mais il en est d'autres tirées de la nature même de l'Art et de ses limites. En supposant que les statuaires anciens se permissent de représenter nus d'autres personnages que les dieux, les héros ou les hommes divinisés, s'ensuivroit-il que les peintres modernes dussent avoir le même droit? Je suis loin de le croire : les statuaires grecs, en usant de ce droit, savoient fort bien qu'ils commettoient une inconvenance, mais ils croyoient pouvoir la faire oublier par les beautés qu'ils en tiroient : or, s'il est un art qui, par sa nature, rende nécessairement l'inconvenance plus forte et les beautés moindres, peut-il prétendre à la même liberté? Non, sans doute, et c'est le cas de la peinture : en offrant le nu avec toutes les couleurs de la chair, des veines, du sang et les apparences de la vie, elle blesse les convenances bien plus que la sculpture qui ne présente qu'une masse blanche et froide à laquelle l'œil ne peut se méprendre. De plus, le peintre ne sauroit tirer de là autant d'avantage que le statuaire, puisqu'il n'a pas à faire voir les formes dans leur rondeur, et qu'il ne peut ainsi en déployer tous les charmes : que l'on compare les plus belles figures nues de M. David, par exemple, le Romulus de son *tableau des Sabines,* avec l'une des statues antiques, le Lantin ou le Méléagre, et qu'on voie si le nu a fourni au peintre autant de beautés qu'au sculpteur.

Ajoutez à cela que la sculpture ne représentant presque jamais qu'un état immobile, passif, la nudité y est bien moins invraisemblable, et dépend bien plus de la volonté de l'artiste que dans la peinture, qui, représentant presque toujours une action, ne peut, sans une inconvenance très-forte, écarter les accessoires dont elle est nécessairement accompagnée. Remarquez enfin qu'en sculpture les draperies forment des masses plus épaisses, plus lourdes, plus impénétrables et par conséquent plus désavantageuses qu'en peinture, où l'artiste peut leur faire suivre les mouvemens, les formes du corps, et même leur donner, dans certains cas, une transparence qui en diminue beaucoup l'inconvénient.

En voilà plus qu'il n'en faut, ce me semble, pour faire sentir qu'ici comme ailleurs, les deux arts ont un domaine distinct, des droits et des devoirs différens; qu'il ne faut pas toujours conclure de l'un à l'autre, et qu'il y a souvent du danger pour les peintres à vouloir suivre en tout les leçons et l'exemple des statuaires.

J'en pourrois apporter de nombreux exemples; ils prouveroient tous que s'il ne faut pas sacrifier la beauté aux convenances, il est absurde de sacrifier toujours, et de propos délibéré, les convenances à la beauté. M. Serangeli a peint *Admète pleurant Alceste* (nº 729) : Admète est nu au milieu de son palais, tandis que ses deux filles, qui pleurent aussi leur mère, sont vêtues. Cette différence est un pur caprice du peintre, car il pouvoit déshabiller les princesses tout comme le roi; il a bien représenté, sous le nº 730, *Psyché et ses sœurs* nues toutes les trois : du moins auroit-il dû leur donner de beaux corps; mais pour rendre sa Psyché plus blanche que ses sœurs, il l'a faite d'une transparence ridicule; quoiqu'elle soit fort grasse, elle n'a pour ainsi dire que les os et la peau, car on voit au travers, et ses formes n'ont rien de solide. Comment un homme d'autant de talent que M. Serangeli a-t-il pu tomber dans un défaut si étrange ? Je ne sais s'il n'y a pas quelque malice là-dessous, et si l'artiste n'a pas cru que c'étoit le meilleur moyen de représenter une *ame*; ce dont je suis bien sûr, c'est que sa Psyché n'a pas de corps.

M. Ansiaux a peint (n° 7) *Angélique et Médor gravant leurs noms sur un arbre*: ce tableau, quoique dessiné et peint un peu mollement, a de la grace et du charme, l'idée en est heureuse et poétique; elle est tirée de la strophe 36e du dix-neuvième chant du *Roland furieux* :

Fra piacer tanti, ovunque un arbor dritto
Vedesse ombrare o fonte o rivo puro,
V'avea spillo o coltel subito fitto;
Così se v'era alcun sasso men duro;
Ed era fuori in mille luoghi scritto
E così in casa in altri tanti il muro;
Angelica e Medore in varj modi,
Legati insieme di diversi nodi.

« Au sein de tant de plaisirs, par-tout où un

« arbre élevé couvroit de son ombre une fontaine « ou une eau limpide, par-tout où le rocher moins « dur le permettoit, sur les murailles de leur de- « meure, en mille lieux, la pointe d'une épine ou « de l'acier gravoit de mille manières les noms « d'Angélique et de Médor, unis de mille nœuds « différens. »

Le peintre a su profiter de la charmante description du poète; c'est sur un arbre que les deux amans gravent leurs noms : en plaçant Angélique sur les genoux de Médor, il a bien enlacé les deux figures; on reconnoît là cette Angélique dont l'Arioste a dit :

Più lunge non vedea del giovinetto
La donna, ne di lui potea saziarsi;
Nè per mai sempre penderli dall collo
Il suo disir sentia di lui satollo.

« On ne voyoit jamais la dame loin du jeune « homme; elle ne pouvoit se rassasier de lui, et, « quoique toujours suspendue à son cou, aucune « caresse ne satisfaisoit ses tendres desirs. »

Mais pourquoi M. Ansiaux n'a-t-il cru pouvoir exprimer tant de volupté qu'en peignant Angélique nue? encore s'il eût mis la scène dans l'intérieur de la maison, ou dans cette grotte que l'Arioste compare à celle de Didon :

Nel mezzo giorno un antro li copriva
Forse non men di quel comodo e grato
Ch'ebber, fuggendo l'acque Enea e Dido
De' lor secreti testimonio fido.

« Vers le milieu du jour ils se retiroient sous une « grotte non moins commode, non moins agréable « que celle où se réfugièrent Énée et Didon lorsque, « fuyant l'orage, ils la choisirent pour témoin fi- « dèle de leurs secrets. »

mais elle est au pied d'un arbre, en rase campagne; Angélique repose sur les genoux de Médor, qui n'est point nu comme elle. A quoi bon cette distinction? Médor craignoit-il davantage de se montrer aux yeux des passans que de leur laisser voir sa maîtresse? ou bien le peintre n'a-t-il voulu offenser le bon sens qu'à demi?

C'est ce bon sens, vivifié par un sentiment poétique, ennobli par un goût élégant et pur, que je trouve et qui me charme dans les compositions de M. Guérin : il y a de la raison, de la poésie et de la beauté dans son tableau de l'*Aurore enlevant Céphale* (n° 396); le beau chasseur endormi est porté sur des nuages; ses bras, l'un pendant, l'autre soutenu par un petit Amour plein de grace, annoncent bien l'affaissement du sommeil; au-dessus de lui s'élève la figure svelte et céleste de l'Aurore, qui, écartant des deux mains les voiles de la Nuit, laisse tomber sur le jeune homme les fleurs dont elle a l'heureux pouvoir de parsemer la terre. Je ne connois rien de plus beau que Céphale : sa tête penchée conserve au milieu du sommeil une expression de noblesse et de douceur; ses cheveux sont arrangés avec une négligence pleine de grace; son corps offre une réunion admirable des beautés juvéniles et des formes héroïques. Ici le nu n'étoit point déplacé : l'artiste, loin d'en profiter pour se livrer à des détails d'anatomie faciles à étaler sur une poitrine qui se présente en face, a fondu, adouci, marié avec un sentiment exquis, les articulations et les muscles dans la rondeur à la fois pleine et nerveuse des chairs : point de mollesse, rien d'indéterminé; mais point de dureté, rien de tranchant ni de pénible; ce sont des beautés mâles et des graces féminines; cela rappelle le Méléagre, l'Hermaphrodite; les lignes disposées avec art donnent naissance à de superbes développemens du corps, qui pose sans lourdeur, quoiqu'avec abandon, sur les nuages qui le soutiennent. N'est-ce pas là ce charmant chasseur qu'Ovide dit encore si beau lorsque, dans un âge plus avancé, il arrivoit sous les murs d'Œnopie :

. . . . *Spectabilis heros*
Et veteris retinens etiamnum pignora formæ,
Ingreditur: ramumque tenens popularis olivæ, etc.

Metamorph., c. VII, § 11.

Son front se pare encor de ses premiers attraits;
Il porte dans ses mains l'olivier pacifique,
Et respire en marchant une grace héroïque.

Trad. de M. de Saint-Ange.

La figure de l'Aurore a été l'objet de plusieurs critiques; on lui trouve quelque chose de trop étranglé dans le bas de la taille, et peut-être M. Guérin a-t-il un peu exagéré ce caractère de la taille des jeunes filles : on lui reproche trop de transparence; on dit que le foyer de lumière placé dans une étoile au-dessus de sa tête papillotte à l'œil, et que les replis des voiles de la Nuit, qu'elle écarte, produisent un mauvais effet. Je crois que plusieurs de ces observations tiennent à ce que le tableau est mal éclairé au Salon, et à la difficulté de trouver son véritable jour; mais, fussent-elles toutes fondées, il y auroit encore mille beautés d'un ordre supérieur dans cette figure pleine d'élan et d'élégance, dans cette tête charmante où l'artiste a su unir la plus douce pudeur à l'expression de plaisir avec laquelle la déesse laisse tomber ses regards sur l'amant qu'elle enlève; dans ces sourcils foiblement arqués, dans ces longues paupières, dans ce cou droit et flexible, dans ce sein jeune et délicat, dans ces bras arrondis et fins, dans cette teinte de fraîcheur, de printemps, répandue sur toute la figure : telle étoit sans doute cette Aurore dont Céphale, même en lui préférant Procris, reconnoissoit les charmes célestes :

. . . . . *Quod sit roseo spectabilis ore*
Quod teneat lucis, teneat confinia noctis,
Nectareis quod alatur aquis, etc.

Je dois en convenir, l'Aurore est immortelle;
Sa bouche a la fraîcheur de la rose nouvelle;

Entre l'ombre et le jour son empire incertain
Des couleurs de la pourpre embellit le matin.

J'ignore si M. Guérin s'est nourri de la lecture des poètes : ses compositions me le feroient penser ; et, certes, c'est un mérite bien séduisant que ce caractère poétique dont il sait les revêtir : à leur aspect, l'imagination se reporte dans les régions de la poésie, elle rassemble ses souvenirs, découvre des allusions, des ressemblances, et ajoute au charme des sentimens que lui fait éprouver le peintre, celui des sentimens du même genre que lui ont inspirés les poètes. Pétrarque, dans sa vingt-septième *canzone*, nous a peint Laure couverte des fleurs que laisse tomber sur elle l'arbre sous lequel elle est assise :

Da' be'rami scendea
Dolce nella memoria
Una pioggia di fior sovra'l suo grembo ;
Ed ella si sedea
Umile in tanta gloria
Coverta già dell'amoroso nembo ;
Qual fior cadea sul lembo,
Qual sulle treccie bionde,
Ch'oro forbito e perle

Eran quel dì a vederle :
Qual si posava in terra e qual sull'onde :
Qual con un vago errore
Girando parea dir : Quì regna Amore.

Quel souvenir charmant a frappé ma mémoire !
Un nuage de fleurs descendoit sur son sein ;
Humble au milieu de tant de gloire,
Elle restoit assise, et, fier de son destin,
Le nuage amoureux la couvroit de son aile.
Mille fleurs s'abaissoient sur la terre autour d'elle :
L'une alloit émailler son voile gracieux ;
L'autre s'entrelaçoit à l'or de ses cheveux ;
Celle-ci vient tomber sur la fraîche verdure ;
Cette autre va flotter sur l'onde qui murmure,
Et mille autres encor, voltigeant à l'entour,
Semblent dire au Zéphir : Ici règne l'Amour.

Est-il possible, quand on connoît cette charmante description, de ne pas se la rappeler à la vue de *Céphale* endormi sous les fleurs que répand sur lui l'Aurore ? et lorsqu'après avoir vu le tableau, on retrouvera la description, ne rappellera-t-elle pas à son tour le peintre qui l'a si heureusement réalisée ? douce alliance des Arts, qui, en conservant des domaines distincts, se prêtent de mutuels secours et se réunissent pour nous charmer toutes les fois que l'un d'eux ne cherche pas, aux dépens du bons sens, à empiéter sur les droits des autres.

Ce n'est qu'en empiétant sur les droits de la poésie que la peinture se permet l'allégorie, et cet empiètement est presque toujours malheureux. Pour comprendre un tableau, nous avons besoin, le plus souvent, qu'on nous en indique le sujet; que sera-ce si le sujet lui-même a besoin d'être expliqué? C'est le cas de l'allégorie : le poète, qui a du temps pour la développer, nous la fait concevoir sans peine; il réussit parfois à nous y intéresser, en nous en faisant suivre toutes les gradations; le peintre ne peut que nous la montrer, et cela ne suffit pas. M. Meynier a peint *la Sagesse préservant l'Adolescence des traits de l'Amour* (n° 572); ce tableau fait pendant à *l'Enlèvement de Céphale* : une Minerve protège de son bouclier un jeune homme aux pieds duquel dort la Volupté, et que de petits Amours cherchent à percer de leurs traits. Fénélon nous a offert le même spectacle dans Télémaque au milieu de l'île de Calypso : comment l'a-t-il rendu touchant, dramatique, moral? Il a raconté les dangers que couroit Télémaque, les combats qu'il avoit à livrer; il a placé les séductions d'Eucharis à côté des conseils de Mentor, les momens de foiblesse du héros tout près de ses élans de courage; des descriptions, des narrations, des conversations, sont venues à son secours, et un livre entier de son poëme a été consacré à tracer le tableau poétique de cette allégorie, *La Sagesse préservant l'Adolescence des traits de l'Amour*. L'auteur d'un tableau pittoresque sur le même sujet aura-t-il les mêmes ressources? il ne peut offrir qu'un seul moment d'une seule action, et ce n'est ni dans un seul moment ni par une seule action que se construit une allégorie : il ne peut nous montrer un jeune homme représentant l'Adolescence, et livrant, avec le secours de Minerve, un combat contre la Volupté; nous ne saurions à qui finalement a appartenu la victoire; rien ne seroit clair : nous offre-t-il l'issue du combat, la Volupté vaincue et Minerve triomphante, rien n'est intéressant, car nous ignorons ce que le triomphe a coûté. S'il nous représente Minerve livrant bataille seule, et tenant cachée sous son égide l'Adolescence immobile, qui attend en sûreté que les flèches de l'Amour aient cessé de siffler autour d'elle, sa composition sera nécessairement froide et insignifiante; le personnage qui est le sujet principal de l'action n'y prend aucune part; comme aucune flèche ne perce le bouclier de la déesse, il ne court aucun danger. La Volupté dort à ses pieds; qu'a-t-il à craindre de la Volupté quand elle dort, et des traits de l'Amour quand il en est séparé par une armure impénétrable? Il y a donc là un sujet et point d'action, car le sujet ne peut être expliqué que par une suite d'actions; il y a des acteurs et point d'intérêt, car les acteurs ne peuvent être intéressans quand ils n'agissent pas et ne souffrent point. Ce n'est donc pas un tableau; ce sont des figures placées à côté les unes des autres pour étaler leurs formes, et qui ne présentent aucun ensemble, aucun sens raisonnable; car il est impossible d'attacher à leur réunion une idée nette, d'y voir une cause et une issue. Si le peintre avoit réfléchi sur la nature de son art, il auroit vu qu'il n'y pouvoit trouver, comme le poète dans le sien, des moyens de rendre cette allégorie intéressante, parce que tout l'intérêt d'une allégorie repose sur son développement, sur son application, et que la peinture ne peut ni développer ni appliquer; elle se borne à faire voir: or, on ne fait point voir une allégorie, parce qu'une allégorie n'a rien de réel, et qu'il en est fort peu qui soient susceptibles d'être converties en *actions* de manière à passer convenablement sur la toile.

Aussi le tableau de M. Meynier est-il entièrement dépourvu d'intérêt, de vie; et, pour mon compte, je n'y vois que des figures bien peintes, quoiqu'un peu mollement: ce n'est pas la faute de son talent, c'est celle de son sujet. Il a peint autrefois ce même sujet; mais comme Fénélon, sous la figure de *Télémaque pressé par Mentor de quitter l'île de Calypso:* à la bonne heure; mais alors son tableau représentoit une action, et non une allégorie, quoique l'allégorie fût dans les récits du poète qui en avoit fourni le sujet : la résolution de Télémaque dépendoit de sa volonté ; on voyoit d'une part Mentor lui montrant du doigt le vaisseau sur lequel la Sagesse lui ordonnoit de s'embarquer; de l'autre, Eucharis le suppliant avec tendresse de rester dans l'île où l'Amour promettoit de le rendre heureux : il y avoit donc de l'incertitude, de l'intérêt, une scène, un tableau ; on ne voit rien de semblable dans la nouvelle composition de M. Meynier. Quand le poète, qui veut réaliser une allégorie, l'a attachée à des noms, à des personnages agissans, à des événemens positifs, à une histoire entière, le peintre peut venir après lui s'emparer de ces événemens, de ces personnages qui ont déjà de la réalité, du mouvement, une volonté, un corps, et en faire le sujet de tableaux qui, sans être des tableaux allégoriques, auront trait à une allégorie ; mais s'il veut faire ce premier travail, qui appartient au poète, et représenter lui-même, sans aucun intermédiaire, une allégorie qui n'a jamais eu d'autre réalité que celle qu'il peut lui donner, il tombera nécessairement dans les fautes les plus graves, et il n'aura été que le rival malheureux, c'est-à-dire, mal-adroit, du poète dont il auroit pu s'approprier avec succès les inventions et le génie.

Pourquoi du moins M. Meynier n'a-t-il pas pris soin de mettre dans son tableau, ainsi faussement conçu, toute la vraisemblance et toute la clarté dont il pouvoit disposer? Il vouloit peindre la Sagesse; ne falloit-il pas la représenter de manière à ce qu'elle fût reconnue facilement? Les anciens donnoient à Minerve une beauté grave et sévère : témoin la tête de la Pallas de Velletri et le buste colossal qui sont au Musée Napoléon. M. Meynier lui a donné une expression pleine de douceur et d'une telle jeunesse qu'elle diffère fort peu en âge de l'*Adolescence* qu'elle tient sous son bouclier; cela n'est pas propre à éclaircir l'allégorie, et d'ailleurs cette pauvre *Adolescence* paroît si triste, si navrée du service que veut lui rendre la *Sagesse*, que le spectateur ne peut s'empêcher de compatir au sort de cette victime immobile qui n'a l'air de prendre part à ce qui se passe autour d'elle que pour s'en affliger. Ce n'est pas ainsi que l'artiste eût dû représenter cette lutte importante, ce grand combat entre la Volupté et la Vertu, dont la Fable nous a donné une si haute idée en y exposant le plus grand de ses héros, Hercule.

On aura, je crois, une nouvelle preuve de la vérité de ce que je viens de dire sur l'emploi de l'allégorie en peinture, si l'on en fait l'application à un tableau placé sous le nº 324, et représentant l'*état de la France avant le retour d'Égypte de S. M. l'Empereur.*

Que les peintres fassent des emprunts aux poètes, c'est un excellent moyen pour nourrir l'imagination et enflammer le génie; mais qu'ils les fassent avec discernement, et surtout qu'ils ne se méprennent pas sur ce qu'ils peuvent ou ne peuvent pas emprunter. Il y a tel tableau au Salon qui doit presque tout son mérite aux idées que le poète a fournies au peintre, et qui en auroit plus encore si ce dernier avoit su voir ce qu'il devoit changer dans les descriptions de l'autre. M. Berthon a tiré de l'Arioste un sujet heureux et différent de celui qu'en a pris M. Ansiaux : c'est le moment où Médor blessé descend de cheval devant la cabane où la princesse du Cathay le fait conduire pour le guérir (nº 64) : Angélique soutient dans ses bras le chevalier presque mourant : leurs têtes se touchent; ces deux figures si voisines, également jeunes, également belles et d'une expression également molle, se distinguent à peine : l'artiste eût pu cependant faire naître un contraste pittoresque en plaçant près de la tête de Médor celle du paysan qui l'aide aussi à descendre : ce contraste, dont le poète n'avoit pas besoin, parce que la vue seule peut le saisir, eût fait ressortir avec avantage la beauté de Médor et celle d'Angélique posée autrement; tandis que, placées comme elles le sont, ces deux beautés se font tort l'une à l'autre, d'autant que leur air d'extrême jeunesse les rapproche un peu trop de l'enfance, et rend presque invraisemblable l'idée de leurs amours, qui se réveille, en cet instant, dans l'esprit du spectateur. Malgré cela, ce tableau a du charme et fait plus d'honneur au talent de M. Berthon que celui où il a représenté *S. M. l'Empereur recevant à Tilsitt S. M. la Reine de Prusse* (nº 63).

Ovide a fourni aussi à nos peintres plusieurs sujets de tableaux; mais, par un hasard singulier (car le hasard a souvent plus de part que la réflexion aux choix des artistes), ils sont presque tous mal choisis : il semble qu'un esprit curieux ait voulu chercher dans l'immense galerie de sujets qu'a rassemblés ce grand poète, ceux qui n'étoient pas susceptibles de passer dans le domaine de la peinture. Tout le monde connoît la touchante histoire de *Pyrame et Thisbé*, et ces premiers vers pleins de grace où le poète raconte comment ils s'entretenoient à travers un mur mitoyen :

Leurs maisons se touchoient; une simple fissure
Avoit du mur commun crevassé la clôture.
Dans ce mur autrefois bâti par leurs aïeux,
Un jour imperceptible échappe à tous les yeux.
Sans que nul *ne* le vît, des siècles s'écoulèrent.
L'œil de l'Amour voit tout; nos amans l'observèrent,
Et surent y trouver un passage à la voix.
Là, de leurs surveillans trompant les dures lois,

Dans un doux entretien, leurs lèvres empressées
L'un à l'autre en secret murmuroient leurs pensées ;
Là, Thisbé de Pyrame écoute les desirs ;
Là, Pyrame à son tour recueille ses soupirs. (1)

M. Ducis a vu là un sujet de tableau, et certes il ne s'est pas donné beaucoup de peine pour le composer : il n'a peint que Thisbé (n° 262), l'oreille appliquée contre une large fente de mur, et ayant l'air d'écouter fort attentivement, sans qu'on voie celui qui lui parle; car Pyrame est derrière le tableau. Voilà, il en faut convenir, la description d'Ovide bien réalisée par le peintre.

M. Remi a été encore plus mal inspiré dans son choix; il a peint (n° 670) *Polyphême*

---

(1) *Fissus erat tenui rimâ quam duxerat olim,*
Quum fieret, paries, domui communis utrique.
Id vitium nulli per sæcula longa notatum.
(Quid non sentit amor?) primi, sensistis, amantes,
Et voci fecistis iter : tutæque per illud
Murmure blanditiæ minimo transire solebant;
Sæpè ut constiterant, hinc Thisbe, Pyramus illinc ;
Inque vicem fuerat captatus anhelitus oris.

Metam., l. IV, § 2.

poursuivant, un rocher entre les mains, Acis et Galathée : je ne sais s'il n'a pas été séduit par le portrait que Virgile et Ovide nous donnent de Polyphême : c'étoit quelque chose d'extraordinaire à peindre que ce

Monstre difforme, affreux, privé de la lumière.

Monstrum horrendum, informe, ingens, cui
lumen ademptum. Æneid., lib. III.

A la vérité, Polyphême n'avoit pas encore l'œil crevé ; il se vantoit même de cet œil comme d'une beauté :

L'œil que je porte au front me rend-il si difforme ?
C'est l'orbe étincelant d'un bouclier énorme.

Unum est in mediâ lumen mihi fronte sed instar
Ingentis clypei. Metam., l. XIII, § 13.

L'artiste a pensé sans doute comme le Cyclope, car il lui a laissé son œil ; seulement, en faveur de nous autres créatures à deux yeux, il a marqué la place des deux autres, et à tout prendre, cela fait un assez joli ensemble ; ajoutez-y quelques agrémens de détail :

Ce difforme géant, soigneux de sa parure,
Peigne avec un râteau sa noire chevelure,

Et sa barbe au poil dur tombe sous une faux :

Jam rigidos pectis rastris, Polypheme, capillos :
Jam licet hirsutam tibi falce recidere barbam.

Prêtez à tout cela une expression furibonde, et vous aurez un personnage vraiment digne d'être offert à vos regards : c'est du moins ce qu'a pensé M. Remi.

Je soupçonne qu'il a été encore plus charmé d'une circonstance particulière, du plaisir d'avoir à peindre un géant : c'est un si terrible spectacle dans Ovide, que celui de ce Cyclope colossal poursuivant le jeune et bel Acis : ne produira-t-il pas le même effet en peinture ? L'artiste l'a sans doute imaginé, et s'est persuadé qu'il nous donneroit une haute idée de la taille de Polyphême, en plaçant à côté la figure d'Acis ; mais comme l'attention du spectateur se porte d'abord sur Polyphême, la comparaison qu'il fait ne tourne qu'au désavantage d'Acis : la grandeur du Cyclope augmente la petitesse du berger, et la petitesse du berger n'augmente point la grandeur du Cyclope : l'un devient un nain, sans que l'autre en paroisse mieux un géant : tout cela, comme on voit, étoit très-poétique, et n'est point du tout pittoresque.

S'il n'y a pas grand mal à ce que de tels sujets aient occupé des artistes très-médiocres, je ne puis m'empêcher de regretter que des sujets plus heureux ne soient pas tombés en de meilleurs mains. Madame Mongez a représenté, sous le n° 577, *la Mort d'Adonis ;* Ovide pouvoit encore ici servir de guide au peintre. (*Métam.*, liv. X, § 11, 12 et 17.) Et de quels trésors de beauté celui-ci ne pouvoit-il pas disposer ! Une nudité sans invraisemblance, la plus belle des déesses, le plus beau des chasseurs :

Adonis auroit plu, même aux yeux de l'Envie.
Semblable à ces Amours, chefs-d'œuvre des pinceaux,
Ils sont nus comme lui, mais ne sont pas plus beaux.

Laudaret faciem Livor quoque. Qualia namque
Corpora nudorum tabulâ pinguntur Amorum,
Talis erat.

La douleur de Vénus, le chagrin des petits Amours, offroit mille beautés d'expression à joindre à ces beautés de formes : un tel tableau, bien exécuté, seroit devenu le digne pendant de l'*Enlèvement de Céphale ;* mais ce n'est pas celui de madame Mongez qui pourroit servir à cet usage : le dessin en est foible, la couleur fausse et l'expression nulle.

On trouve les mêmes défauts dans un tableau qui représente *Renaud sur le char d'Armide ;* en général, les sujets tirés des poëmes chevaleresques ont du malheur, et cependant en est-il de plus intéressans ? Tout ce qui se rapproche du berceau de notre histoire et de nos mœurs doit avoir pour nous un charme particulier ; serions-nous donc insensibles aux souvenirs de ces temps de chevalerie, époque glorieuse où s'alluma chez nos sauvages aïeux la première étincelle de ces sentimens désintéressés qui, s'alliant à la bravoure personnelle, changèrent en vertu le courage féroce des barbares, et donnèrent à l'esprit belliqueux et aventurier des hommes d'alors un caractère à la fois moral et poétique ? Ces temps sont pour nous ce qu'étoient pour les Grecs les temps héroïques, l'expédition des Argonautes, le siége de Troye et d'autres entreprises guerrières. Le génie des artistes d'Athènes et de Sicyone se nourrissoit de la mémoire de ces exploits : les consacrer, les éterniser, les ennoblir encore, tel étoit le but de leurs travaux : les Arts faisoient leur gloire de servir la gloire nationale, et l'histoire inspiroit tour à tour le poète, le sculpteur et le peintre. Mais les Grecs ont eu sur nous d'inappréciables avantages : leurs artistes, libres comme les héros dont ils retraçoient l'image, n'étoient jamais, en suivant cette route, ni enchaînés, ni détournés de leur véritable destination ; leur religion, leurs mœurs, leurs idées, tout leur permettoit de suivre uniquement l'impulsion de leur talent, et d'allier toujours la beauté pittoresque au charme des souvenirs nationaux : en obéissant à un sentiment patriotique, le génie restoit indépendant ; fier du but qu'il se proposoit, maître absolu de ne consulter, pour y atteindre, que ses inspirations et les lois de l'Art, il créoit, en l'honneur de sa patrie, des chefs-d'œuvre qu'il n'auroit point produits, s'il n'avoit uni la liberté de l'artiste au patriotisme du citoyen. Ce n'est pas de la liberté que laissent les constitutions politiques que je veux parler, mais de celle que donnent les mœurs, la religion, les usages : ce seroit une grande erreur que de penser que les Arts ne fleurissent que dans les républiques ; les faits prouvent le contraire : les artistes sujets d'une monarchie peuvent être, comme les Grecs, dévoués à la gloire nationale, fiers de leur histoire et de leur patrie ; ils peuvent puiser dans de tels sentimens la même verve et la même richesse ; mais ils trouveront aujourd'hui dans les usages, dans les habitudes modernes, dans ces lois de convenance que notre état de société rend si impérieuses, des obstacles qui les empêcheront de s'élever aussi haut que les Grecs vers cette beauté, premier but et loi suprême des Beaux-Arts. Qu'ils n'espèrent pas de les écarter en prenant leurs sujets dans l'antiquité : si, par là, ils sont plus libres sous certains rapports, ils n'auront plus ce foyer d'inspiration et de verve qui n'existe que dans la patrie au sein de laquelle on est né, dans la religion à laquelle on croit, dans l'histoire à laquelle on appartient, dans les mœurs que l'on partage : quelques exemples particuliers ne prouvent rien contre cette vérité : il s'agit ici des Arts en général, et je n'en rends pas moins hommage aux talens supérieurs qui, dans un genre que je crois peu fécond et mal choisi, ont produit des morceaux admirables. Forcés d'ailleurs d'étudier presque uniquement des statues, s'ils veulent donner à leurs compositions quelque ressemblance avec l'antique, nos artistes tomberont inévitablement dans tous les inconvéniens que j'ai eu occasion de faire remarquer, roideur, froideur, défaut de vraisemblance, de vérité, et mille autres dont nous ne nous douterons peut-être pas plus qu'eux, mais qui n'en seront pas moins dans leurs ouvrages.

Il ne reste donc, à mon avis, qu'un parti à prendre; c'est d'étudier avec soin par quelle route les Grecs sont parvenus à la perfection qui les distingue, les principes que suivoient et les moyens qu'employoient chez eux les artistes, et d'appliquer ensuite ces principes, ces moyens, à des sujets pris dans le monde moderne, qui est le nôtre, dans la nature telle qu'elle s'est développée depuis la renaissance de la civilisation en Europe, ou telle qu'elle existe dans tous les temps, car il est des sujets qui appartiennent à tous les pays et à tous les siècles : ce n'est qu'ainsi que nous pouvons espérer de parvenir à réunir, jusqu'à un certain point, cette chaleur, cette vérité, sans laquelle un tableau ou une statue n'est qu'une toile peinte ou un marbre taillé, et cet idéal, cette beauté, sans laquelle les Arts ne sont plus les Beaux-Arts. Nous rencontrerons mille obstacles, et d'insurmontables, sans doute; nous ne deviendrons peut-être jamais les rivaux des anciens, mais du moins serons-nous leurs émules, et cela vaut mieux que de rester leurs imitateurs.

Et n'est-ce pas ainsi qu'en Italie les Arts se sont élevés à tant de gloire? Ghiberti, Donatello, Michel-Ange, Raphaël, Dominiquin, copioient-ils l'antique, ou exécutoient-ils principalement des sujets pris dans l'antiquité? Non, sans doute, ils l'avoient bien étudiée, et cette étude avoit formé, dirigé leur génie; mais c'est dans l'histoire, dans les idées de leur temps que ce génie puisoit sa fécondité, sa verve et la matière de ses ouvrages. La religion chrétienne, alors florissante, s'offroit aux artistes avec son fondateur, ses apôtres, ses martyrs, objets d'amour, de vénération et de foi ; ils s'en emparèrent : l'histoire représentoit les apôtres et la plupart des saints comme des hommes simples, grossiers ; ils furent idéalisés, ennoblis, et devinrent, sur le marbre ou sur la toile, des figures pleines de vérité et de grandeur. *Marco, perchè non mi parli?* (Marc, pourquoi ne me parles-tu pas?) disoit Michel-Ange à une statue en bronze de *saint Marc,* chef-d'œuvre de Donatello : le *saint Georges*, du même statuaire, étoit si admirable, qu'il fut acheté pour servir de modèle dans l'Académie royale de France à Rome. Ce n'est pas dans l'antique que Raphaël puisa ce caractère de divinité et de pureté qui brille dans ses Vierges : Le Dominiquin n'y avoit point trouvé son *saint Jérôme :* tous ces chefs-d'œuvre portent l'empreinte de l'étude de la nature modifiée par les opinions et les sentimens qui régnoient alors : tous ces grands maîtres, après avoir appris des anciens les lois, la marche et le but de l'Art, s'en servirent pour honorer, tantôt leur patrie, tantôt leur foi; leurs productions furent belles en même temps qu'originales, et si elles n'atteignirent pas en tout point à la perfection de celles des Grecs, elles prouvent du moins que, malgré les obstacles qu'opposent à l'Art des circonstances moins favorables, le génie, dirigé par ce qui doit servir de règle, et enflammé par ce qui peut seul être une source d'inspirations, produit toujours des chefs-d'œuvre.

A la vérité, certaines époques peuvent lui offrir encore des circonstances beaucoup moins favorables que celles où se trouvoit alors l'Italie : le siècle de Louis XIV en a été un exemple; et cependant que de beaux ouvrages nous a laissés ce siècle, où un faux goût gêna et dénatura si souvent le talent des plus grands artistes! En général, ne désespérons jamais des efforts du génie, bien instruit de ce qu'il doit faire pour bien faire, connoissant les difficultés qui l'arrêtent, et s'appliquant à les surmonter : l'homme supérieur a en lui-même des ressources infinies, inconnues du vulgaire, et qui se développent au besoin : il fait des sacrifices ; il se résout à n'être pas toujours tout ce qu'il pourroit être, mais il reste ce qu'il est, et ses productions sont encore admirables. L'École actuelle a les plus grands avantages sur celle qui l'a précédée en France ; je n'ai pas besoin de revenir sur tout ce qu'elle doit à la réforme qu'a opérée M. David : formée par l'étude des plus parfaits modèles à d'excellens principes de dessin, nourrie du sentiment du beau, qu'elle fasse de ces heureuses dispositions une application moins servilement attachée qu'elle ne l'a été jusqu'ici à l'imitation exacte des statues : que les artistes modernes qui ont bien étudié l'antique s'efforcent d'en transporter les beautés dans les sujets modernes ; quand je dis *modernes*, j'entends notre histoire depuis plusieurs siècles, tout ce qui se rattache aux idées, à la religion, aux mœurs, que nous pouvons appeler les nôtres. Je suis convaincu, par exemple, comme je le disois d'abord, que la chevalerie, malgré les inconvéniens inséparables de l'armure qui couvroit en de certains momens tout le chevalier, pourroit fournir beaucoup de sujets, et qu'un grand peintre, versé dans cette histoire, et se donnant des licences qu'on ne sauroit refuser aux Arts sans les asservir, tireroit, soit des faits historiques, soit des poëmes chevaleresques, tels que ceux du Tasse et de l'Arioste, de forts beaux tableaux. Je n'en citerai qu'un seul exemple; il sera pris dans le dernier chant de la *Jérusalem délivrée*, du dernier combat que les chrétiens livrent contre les infidèles; c'est au moment où Soliman, sorti de la ville, porte la mort et l'effroi dans les rangs des soldats du vieux Raymond, comte de Toulouse : le comte, frappé lui-même, est tombé sans mouvement; ses troupes fuient : le généreux Tancrède, blessé et couché dans sa tente, entend leurs cris : « Il « se lève, il voit le comte de Toulouse étendu « sur l'arène, ses troupes éperdues et fugi- « tives. La valeur ranime ses forces lan- « guissantes, et enflamme le reste de son « sang. D'une main il saisit son bouclier, « dont l'énorme poids ne surcharge point sa

« foiblesse ; de l'autre il prend son épée, « et court au combat. »

—« Où fuyez-vous, s'écrie-t-il, malheu-« reux? vous laissez votre maître aux fers du « Sarrasin ! Les armes de Raymond, sus-« pendues dans ses temples, y seront donc les « monumens de sa gloire et de votre honte! « Allez, retournez en Gascogne; dites au « fils de votre comte que son père est mort, « et que votre fuite a trahi sa vieillesse. »— « Il dit, et, tout foible qu'il est et sans cui-« rasse, il sert de rempart à mille guerriers « armés et pleins de vigueur. De son im-« mense bouclier il couvre Raymond ; là « viennent expirer tous les traits qu'on lui « lance et tous les coups qu'on lui porte. De « son épée le héros écarte les infidèles, et le « vieillard respire sous son ombre. Bientôt « il se relève tout brûlant de colère et de « honte, etc., etc. » (1)

---

(1) *Eran presso all' albergo, ove giaceva*
Il buon Tancredi e i gridi entro s'udiro.
Dal letto il fianco infermo egli solleva :
Vien sulla vetta e volge gli occhi in giro.

Qu'un grand artiste s'empare d'une description si pittoresque ; qu'il montre Tancrède à demi nu, couvert d'une simple tunique, pâle, mais fort de son nom et de sa valeur, armé d'un bouclier et d'une épée, protégeant contre des musulmans, vêtus à l'orientale, le vieux guerrier qui commence à reprendre haleine et à se relever, indigné de sa chûte..... Il fera, si je ne me trompe,

---

Vede giacendo il conte, altri ritrarsi,
Altri del tutto gia fugati e sparsi.
Virtù ch'à valorosi unqua non manca
Porchè languisca il corpo fral, non langue;
Ma le piagate membra in lui rinfranca,
Quasi in vece di spirito e di sangue:
Del gravissimo scudo arma ei la manca;
E non par grave il peso al braccio esangue,
Prende con l'altra man l'ignuda spada
(Tanto basta a l'uom forte) e più non bada.
Ma giù sen viene e grida: Ove fuggite,
Lasciando il signor vostro in preda altrui?
Dunque i barbari chiostri è le meschite
Spiegheran per trofeo l'arme di lui?
Or tornando in Guascogna al figlio dite
Che morì il padre onde fuggiste vui.
Così lor parla; il petto nudo e infermo

un des plus beaux groupes qui puissent devenir le sujet d'un tableau, et ce groupe, bien encadré dans un fond un peu vaste, sera du plus vif intérêt pour nous autres chrétiens, descendans des croisés.

Le Salon n'offre aucun grand tableau de ce genre qui ait du mérite : les grandes compositions retracent toutes des événemens de notre âge : j'en parlerai plus tard. Mais

---

A mille armati e vigorosi è schermo.
E col grave suo scudo, il qual di sette
Dure cuoja di tauro era composto,
E che a le terga poi di tempre elette
Un coperchio d'acciajo ha sopra posto;
Tien da le spade e tien da le saette,
Tien da tutte arme il buon Raimondo ascosto.
E col ferro i nemici intorno sgombra,
Si che giace securo e quasi all'ombra.
Respirando risorge in spazio poco
Sotto il fido riparo il vecchio accolto,
E si sente awampar di doppio foco,
Di sdegno il cor e di vergogna il volto.
E drizza gli occhi accesi a ciascun loco
Per riveder quel fiero onde fu colto, etc.

Gerusal. liber., C. XX, st. 83.

parmi les tableaux de chevalet, il en est beaucoup qui représentent des sujets tirés de la chevalerie et de l'histoire moderne: quelques-uns sont bons; presque tous ont de l'attrait. M. Richard a peint (n° 679) *Henri IV chez Gabrielle d'Estrées*, jetant des confitures à M. de Bellegarde, caché sous le lit, en disant: *Il faut que tout le monde vive*. Ce tableau, de très-petites dimensions, est agréable à voir; il y a de l'esprit dans les poses et dans les têtes, mais elles sont foiblement dessinées, l'effet général est pâle et terne; M. Richard auroit mieux fait, ce me semble, de donner à ses figures un peu plus de grandeur et de fermeté; l'œil n'aime pas à être obligé de chercher les traits et l'expression. Il éprouve la même peine devant deux autres tableaux du même peintre: *Bayard consacrant ses armes à la Vierge dans l'église d'Ainay, à Lyon* (n° 675), *et la Mort de saint Paul, premier hermite* (n° 675). Dans le premier, l'église est belle, et la perspective fait de l'effet; quelques figures, entre autres un prêtre qu'on voit par derrière et qui rallume un cierge, ont du naturel et de la grace, mais, en général, elles sont perdues sous ces voûtes immenses; on a quelque difficulté à découvrir Bayard, à saisir l'ensemble de l'action. Quant à *la grotte de saint Paul*, c'est encore le même défaut; on ne voit que l'hermite étendu et saint Antoine debout, les mains jointes, près de son corps. Peut-être y a-t-il eu de la part du peintre une intention spirituelle à placer les petites figures des deux solitaires dans une grotte vaste et sombre, dont la teinte et l'étendue rappellent l'infini, la foiblesse de l'homme et toutes les idées religieuses qui doivent remplir ce saint asile; mais il y a mis aussi les deux lions qui, suivant la légende, creusèrent la fosse du saint : ces deux lions sont, comme les deux hermites, fort rapetissés par l'immensité de l'antre, et ce n'est pas là ce qu'il falloit : c'est une chose merveilleuse et grande en soi que ces deux rois des animaux occupés à creuser la fosse d'un anachorète; mais la petitesse de leur taille fait disparoître cette idée de grandeur : l'artiste s'étoit donné deux effets à produire; peindre la force des lions et le néant de l'homme: ces deux effets n'étoient pas conciliables.

M. Vermay a mieux choisi ses sujets; il a tiré de la touchante histoire de Raoul de Coucy un tableau agréable (n° 826). Raoul près de partir tombe aux pieds de Gabrielle et lui baise la main; Gabrielle la lui abandonne, mais l'effroi se mêle à sa tendresse: elle entend du bruit; c'est Fayel qui entre, et surprend les deux amans: cette composition est intéressante et d'un effet gracieux: il y a du sentiment dans les têtes; les draperies sont bien ajustées, mais Raoul est trop grand et Gabrielle n'est pas assez belle. Ce nom semble destiné à être malheureux: M. Bergeret a peint (n° 42) Henri IV chantant à Gabrielle d'Estrées sa romance: *Charmante Gabrielle*, et l'on croiroit que l'artiste a voulu donner un démenti au roi, tant sa Gabrielle est peu jolie: pense-t-il donc qu'il soit nécessaire de prêter un air antique aux figures dont le costume n'est plus de mode? Singulière manière d'observer l'exactitude historique que de mettre la beauté des traits en harmonie avec celle des vêtemens. Dans les tableaux qui rappellent des noms ou des événemens très-connus, ce qu'il y a d'essentiel à conserver, c'est l'esprit, le caractère particulier de chaque figure, lorsque des données certaines nous en ont transmis la mémoire : ainsi les peintres auroient tort de changer les traits de Henri IV, de François Ier, de la belle Féronnière ; mais lorsque le défaut de monumens et l'opinion générale leur laissent une latitude à peu près entière, ils en doivent user pour embellir : tout autorisoit M. Bergeret à faire de Gabrielle une beauté parfaite ; pourquoi a-t-il voulu la rendre ressemblante à tous les vieux portraits ?

Pourquoi M. Vermay, en revanche, n'a-t-il pas conservé fidèlement dans son tableau de *la Naissance de Henri IV* (nº 825) les expressions et les caractères de têtes que son sujet même sembloit lui prescrire? Jeanne d'Albret vient d'accoucher ; elle a chanté l'air Béarnois : son pére, Henri d'Albret, lui remet, suivant sa promesse, une chaîne d'or magnifique, et lui dit, en faisant emporter l'enfant : *Voilà qui est pour vous, ma fille, et ceci est pour moi.* J'ai vainement cherché dans les figures la trace de ce mot, et des émotions qu'il dut exciter : Jeanne, couchée dans son lit, ne paroît pas regretter assez son enfant : la tête de Henri n'est pas assez significative ; celles des femmes qui entourent l'accouchée le sont davantage et pourroient l'être encore plus. En tout, ce qui me paroît manquer dans ce tableau, d'ailleurs bien composé et d'un effet agréable, c'est de l'esprit. Il y en a beaucoup, au contraire, dans un tableau de M. Revoil (nº 672), qui représente *Charles-Quint* refusant de reprendre son anneau qu'a relevé la duchesse d'Étampes dont il veut s'assurer la faveur : cette composition est pleine d'intentions spirituelles; la tête de François Ier est fort noble; si *le faire* du peintre étoit plus large, moins léché; si les expressions de ses figures ne paroissoient pas un peu cherchées et trouvées à force de recherches, on pourroit espérer beaucoup de son talent.

Je passe rapidement sur ces tableaux et sur une foule d'autres du même genre, parce qu'ils sont peu féconds en idées utiles et intéressantes sur ce qui fait le but principal de cette brochure, sur les Arts en général, leur domaine, leurs ressources et le caractère de notre École. Je dois dire cependant que les connoisseurs seront fâchés, si je ne me trompe, de voir s'introduire dans les tableaux de chevalet un *fini* minutieux, une charlatanerie d'agrémens qui pourroit bien dégénérer en une petite et fausse manière. Cette recherche excessive détruit la simplicité et l'énergie; car il y a une énergie de vérité inconciliable avec tant de soins de détail : heureusement que le Salon même fournit des objets de comparaison qui font sentir la supériorité d'une manière plus franche et plus hardie. Le premier et le plus remarquable est, sans contredit, un tableau de M. Granet, représentant *Stella en prison à Rome* (n° 387). On sait que ce peintre n'y passa que quelques heures, et que, pendant ce temps, il s'amusa à esquisser sur le mur, avec un charbon, une image de la Vierge tenant entre ses bras l'Enfant-Jésus. Stella, debout sur une table et les fers aux pieds, trace cette esquisse : les prisonniers qui l'entourent, saisis d'admiration et d'étonnement, contemplent son ouvrage; le geolier lui-même le regarde : un seul homme, étendu sur le devant du tableau, et atterré par une sentence de mort qu'il vient de recevoir, ne prend aucune part à l'enthousiasme général. Jamais scène ne fut plus heureusement conçue, mieux disposée et mieux exécutée : la figure de Stella, vue de profil, est noble et bien posée; celles des prisonniers sont pleines de vérité, d'attention; leur immobilité est animée; point de gêne dans les attitudes, d'exagération dans les expressions; ils adorent la Vierge en admirant le peintre : tout se rapporte à l'esquisse de celui-ci, et peut-être M. Granet a-t-il eu tort de ne pas soigner la beauté de cette esquisse, pour expliquer aux spectateurs, en produisant sur eux un effet analogue, l'effet qu'elle produit sur les assistans : on ne voit pas assez la cause de leur admiration; on l'auroit vue si l'esquisse eût été belle. Malgré ce léger défaut, ce tableau est du plus rare mérite; beaucoup d'esprit se joint dans les figures à un naturel parfait; *le faire* en est large, ferme, et cependant *fini* : un talent sûr, original et vrai, se fait reconnoître dans les détails qui, loin de détourner, de diviser l'attention du spectateur, concourent tous à la fixer sur l'ensemble. En changeant un mot à un vers de Perse, on seroit tenté de dire à beaucoup de peintres modernes, en les appelant devant ce tableau,

NATURAM videant, intabescantque relictâ.

« Qu'ils voient la nature, et qu'ils sèchent de douleur de l'avoir abandonnée. »

On pourroit le leur répéter, bien qu'avec quelques restrictions, en leur montrant les tableaux de Mlle Lescot (numérotés 511-12-13-14-15-16-18.) Le nº 516 représente *un petit Mendiant* à demi nu, qui me paroît un chef-d'œuvre de grace, de naïveté et de vérité; grace sans recherche, naïveté sans insignifiance, vérité sans caricature : cela seroit gracieux et naïf même à côté du petit *Tireur d'épine*. On voit sous les nos 515, 514, 513 et 512, un autre *Mendiant*, un *Guincataro* et deux stations de *Piferari* devant une madone, qui offrent les mêmes mérites, quoique peut-être à un degré inférieur. Le n° 518 est un *Capucin donnant une relique à baiser à une jeune fille* : la jeune fille est mal dessinée; sa mère, placée derrière elle, a de la vérité. Enfin, le n° 511 est un tableau d'une plus grande dimension, représentant *une Prédication dans l'église de Saint-Laurent, hors des murs, à Rome*, où l'on reconnoît le même talent : un peu de crudité dans les tons n'empêche pas que la couleur n'en soit en général bonne et vraie. De l'originalité, de la simplicité, une observation fidèle de la nature, voilà ce qu'on trouve dans ces petites compositions et ce qu'on cherche vainement dans de grands tableaux. Il semble qu'en remontant du petit au grand, on voie peu à peu ces mérites décroître, les figures prendre de la roideur, de l'apprêt, en s'efforçant de devenir nobles, et trahir clairement cette influence de la sculpture sur la peinture qu'évitent les peintres de petits tableaux, parce qu'ils étudient plus la nature que les statues.

Nous observerons cette gradation en arrivant aux grandes compositions qui représentent des sujets tirés des événemens contemporains. Un homme d'esprit a fait remarquer (1) qu'on y avoit employé la figure fort au-dessous de nature plus souvent que les années précédentes, et cela avec raison, ajoute-t-il. « Cette dimension, qui convient « seule aux représentations d'une nature « commune et naïve, convient mieux qu'au- « cune autre aux scènes composées de per- « sonnages d'un genre noble, mais qui sont « nos contemporains, vêtus de l'habit mo- « derne, et auxquels on ne peut, à cause de « ce vêtement, prêter les formes idéales et « grandioses sous lesquelles les personnages « de l'antiquité nous ont été en quelque « sorte transmis par les artistes. Les scènes « tumultueuses, celles dont la disposition « n'est pas entièrement au choix de l'ar- « tiste, celles dans lesquelles il entre né- « cessairement beaucoup d'accessoires et de « grands accessoires, des chevaux, des édi- « fices, de vastes fonds, etc. sont aussi extrê- « mement difficiles à bien rendre avec des « personnages de grandeur naturelle. Ce n'est

(1) *Journal de l'Empire* du 11 septembre 1810.

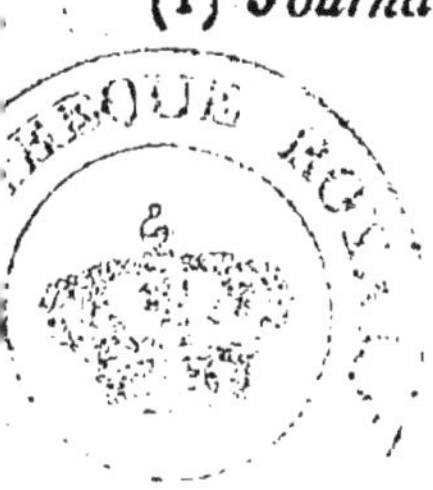

» qu'à l'aide de toiles énormes qu'on peut « exécuter de cette manière des tableaux de « batailles ; autrement la scène trop resserrée « ne présente que quelques épisodes détachés « d'une action générale, les accessoires encom- « brent la toile ; les personnages principaux « qui ne sont pas ceux qui agissent le plus, « mais dont la grandeur et l'importance con- « sistent dans l'ensemble et l'étendue de l'ac- « tion à laquelle ils président, paroissent pri- « vés de leur avantage et ne produisent qu'une « partie de l'effet qu'on en doit attendre, etc. »

N'est-ce pas là évidemment le défaut d'un tableau de M. Gros, que j'ai déjà cité, et qui représente l'*Empereur haranguant ses troupes à la bataille des Pyramides* (n° 390)? A peine la toile a-t-elle pu contenir deux ou trois officiers, quelques soldats et quelques ennemis : cela répond-il aux grandes idées que réveille le sujet ? Toute la chaleur, toute la vérité du pinceau de M. Gros ne sauroient faire oublier un tel inconvénient. Que l'on compare son tableau avec un autre où M. Rœhn a peint dans de petites dimensions (n° 704) *le Bivouac de*

S. M. l'Empereur sur le champ de bataille de Wagram dans la nuit du 5 au 6. Quel effet différent ! ici tout est bien proportionné; la toile contient beaucoup d'espace, beaucoup de figures. S. M. l'Empereur, endormi sur une chaise, près du feu, les bras croisés, la tête baissée, une jambe étendue sur une table, éclairé par le reflet de la flamme, est entouré de tous les officiers de son état-major, debout, les yeux fixés attentivement sur leur général, qui, même dans son sommeil, occupe toutes leurs facultés, toutes leurs pensées; sur la gauche, son Excellence le prince de Neuchâtel, assis devant une autre table, expédie promptement des ordres : cette composition, pleine de vérité, d'unité, d'activité, de silence, a quelque chose d'imposant qui frappe les spectateurs les plus simples, et donne à penser aux plus réfléchis. Agamemnon veille quand tout dort : Racine a tiré de là de fort beaux vers; c'est l'image des soucis qui accompagnent la puissance. Ici, l'Empereur dort et tout veille; c'est l'image de la puissance elle-même. M. Rœhn en a profité avec beaucoup d'art : je crois qu'il auroit eu tort de donner à ses figures la stature héroïque ; la scène eût été rétrécie, et par conséquent l'impression qu'elle produit, affoiblie ; le mauvais effet inséparable du costume moderne, senti plus fortement, auroit nui à celui des poses et des têtes ; l'artiste n'auroit que très-difficilement conservé ce naturel, cet abandon qu'il a su mettre dans la figure de Sa Majesté ; enfin, sa composition seroit peut-être devenue confuse, et dès-lors l'ensemble étoit perdu ; car, quoi qu'on en dise, une composition mal ordonnée est un grand, un très-grand défaut dans un tableau qui est fait pour qu'on le voie et pour qu'on y voie clair. Les tableaux sont faits pour ceux qui s'y connoissent, d'accord ; mais si ceux-là seuls les jugent, le public a droit d'en jouir, et son suffrage n'est pas si insignifiant qu'on se plaît à le dire. Les artistes ne savent pas ce qu'ils perdent à négliger la composition ; ils ôtent à ceux qui ne regardent qu'en passant l'envie de s'arrêter, et à ceux qui regardent attentivement le plaisir de contempler sans gêne, à leur aise, d'être charmés tout d'abord. « C'est du premier coup d'œil, dit « Lessing, que dépend le plus grand effet. « S'il nous oblige à réfléchir péniblement et « à deviner, le desir que nous avions d'être « intéressés se refroidit : pour se venger de « l'artiste inintelligible, on s'endurcit contre « l'effet de l'expression, et alors malheur à « lui si, pour augmenter cet effet, il a né- « gligé la beauté ! nous ne trouvons plus « dans son ouvrage aucun charme qui nous « engage à nous y arrêter ; il ne nous plaît « pas dans ce qu'il offre à notre vue, et nous « ignorons ce que cette vue doit nous donner « à penser. »

Cette réflexion, d'ailleurs si juste, ne semble-t-elle pas adressée à M. Girodet ? J'ai déjà parlé de son tableau de *la Révolte du Caire*, des beautés qu'il y a semées, et entre autres du talent avec lequel les six figures qui forment le groupe principal sont disposées relativement à l'action ; mais ce talent, ce mérite, il faut le chercher. Pourquoi ? parce que l'artiste a embarrassé sa composition de figures inutiles; parce que les plans de derrière, à la droite du spectateur, sont surchargés d'armes, de mouvement, de combattans entassés, confondus, où l'œil se perd, se fatigue, et oublie d'admirer ce qu'il y a de vraiment admirable dans les plans de devant. Défavorablement prévenu, le spectateur trouve les expressions outrées; et comme la beauté leur est quelquefois sacrifiée, il se retire mécontent et injuste envers un homme de génie. Qu'arriveroit-il, au contraire, si M. Girodet eût mis dans sa composition plus d'ordre, de clarté, s'il en eût retranché des figures inutiles, s'il eût dégagé de la mêlée le côté de l'Arabe nu comme il en a dégagé celui du hussard français? il arriveroit ce qui arrive devant le tableau de M. Gérard (nº 347), représentant *la bataille d'Austerlitz;* le spectateur, charmé par un ensemble net et bien entendu, sentiroit d'abord les beautés, en jouiroit, et deviendroit par là plus indulgent pour les défauts qu'il pourroit découvrir ensuite, tandis que dans l'ouvrage de M. Girodet ce sont les défauts qui frappent d'abord; les beautés ne se font reconnoître que plus tard à des yeux exercés, et les connoîsseurs ont beau les vanter, le public, qui juge d'après la première impression, ne veut plus y croire. Lequel des deux peintres entend le mieux ses intérêts, celui qui se montre d'abord aux gens par son mauvais côté, ou celui qui les prévient sur le champ en sa faveur?

C'est M. Gérard, sans doute; et les éloges unanimes qu'il a obtenus en rendent témoignage; on reconnoît en lui un artiste qui, avant d'être peintre, est homme de sens, et qui compose son tableau avec son jugement avant de l'exécuter avec ses pinceaux. Quelle sagesse dans l'ordonnance générale et quelle adresse dans la combinaison des groupes, dans les poses des figures, pour conserver la clarté au milieu d'une scène si vaste! Les deux parties du tableau sont bien liées dans l'action, et cependant assez distinctes pour que l'intervalle qui les sépare repose l'œil du spectateur qui parcourt rapidement la toile: les devans ne sont pas encombrés, et les plans de derrière, dégradés avec art, à travers les jambes des chevaux, des hommes, laissent à l'imagination la liberté d'étendre la scène, et la dispensent de se voir contrainte à en entasser les acteurs sur un même point. *L'ordre agrandit l'espace*, a-t-on dit avec autant de finesse que de vérité; le tableau de M. Gérard en est une preuve visible; rien d'embarrassé, rien de confus, malgré cette prodigieuse quantité de grandes figures, de chevaux, de bagages, etc. L'artiste a-t-il voulu donner à un personnage quelconque un intérêt particulier? Il l'a dégagé, et présenté d'une manière nette pour que rien ne nuisît à l'effet qu'il se proposoit de produire; témoins ce soldat renversé presque sous les pieds du cheval du général Rapp, cet Autrichien étendu sur un canon, et sur-tout ce Mameluck qui saute à bas de son cheval abattu, et dont l'expression est si animée, que l'on croit entendre une conversation entre son compagnon expirant et lui.

Que dire enfin des deux figures principales, de l'heureux contraste qu'a établi le peintre entre l'élan de l'une et le calme de l'autre? Le général Rapp arrive; il vient annoncer à l'Empereur que la garde impériale russe est repoussée: son cheval, lancé au plein galop, s'arrête tout à coup devant Sa Majesté : le généreux animal, blessé de plusieurs coups de sabre, semble partager la joie de son maître blessé lui-même : celui-ci le retient, le soutient sur les jambes de derrière, et, de l'air d'un guerrier trop échauffé encore pour que l'orgueil de la victoire ait remplacé sur son front l'ardeur qu'il portoit au combat, déclare son heureuse nouvelle à l'Empereur tranquillement assis sur un cheval immobile, et ne lui répondant que par un air de satisfaction calme répandu sur son visage. Que l'imagination emploie tout son pouvoir à se représenter un groupe si heureusement conçu, qu'elle en anime à son gré les figures, qu'elle leur donne l'expression la plus saisissante, la plus vraie, elle ne surpassera pas le travail du peintre; que le jugement vienne ensuite en examiner les diverses parties, il reconnoîtra par-tout la trace d'une raison sûre et d'un sens exquis; qu'un connoisseur, épris de la beauté, jette à son tour sur ce tableau des regards exigeans, il n'y verra ni exagération ni figures hideuses, et il saura gré au peintre des efforts qu'il a faits pour mettre du beau là où il pouvoit trouver place : la tête du général Rapp est remarquable sous ce rapport.

Tant de beautés, et des beautés si rares, doivent faire excuser quelques défauts dans la distribution de la lumière qui n'éclaire pas assez les premiers plans, dans des mains un peu foiblement dessinées, dans le cheval de l'Empereur, qui me paroît un peu roide : ce ne sont là que des défauts de détail, et ils se perdent dans un si bel ensemble : ne vaut-il pas mieux mettre ainsi les beautés dans l'ensemble et quelques défauts dans les détails, que de placer dans les détails des beautés du premier ordre, et dans l'ensemble de grands défauts ? Les dessinateurs attachent, et avec raison, beaucoup d'importance à ce qu'une figure particulière soit bien dessinée, bien posée, bien *en ensemble ;* les ombres et le fini ont à leurs yeux peu de valeur. L'*ensemble* d'un tableau, c'est sa composition : la mal ordonner, c'est pécher contre la raison qui est la correction de la pensée, comme la pureté du trait, dans une figure, est la correction du dessin : pourquoi nos artistes, qui mettent à l'une un si grand prix, se croiroient-il en droit de négliger l'autre? J'ai déjà dit combien ils y perdent : on faisoit à ce sujet, dans *le Publiciste* du 30 septembre 1810, des réflexions que je ne puis m'empêcher de croire fondées : « Dans un ta-« bleau bien composé, disoit-on, ce n'est pas « le mérite de la composition qui plaît et qui « se fait remarquer au premier coup d'œil ; « il laisse tous les autres mérites d'expres-« sion, de couleur, etc., produire sur nous « l'impression qu'en doit attendre l'artiste ; « et ce n'est que plus tard, lorsque la raison « cherche à se rendre compte du plaisir « qu'elle a partagé et en quelque sorte à le « juger, qu'elle en découvre la cause pre-« mière dans cette ordonnance sage, natu-« relle, bien pensée, bien calculée, qui, « mettant le spectateur à l'aise devant le ta-« bleau qu'il contemple, lui a permis de « jouir de toutes les beautés de détail avant « de s'apercevoir qu'il devoit la facilité et la « douceur de ses jouissances à l'harmonie et « à la perfection de l'entente générale. Il est « donc possible et même naturel de ne pas

« être frappé d'abord du mérite de compo-
« sition d'un tableau, bien que ce mérite lui
« appartienne et contribue beaucoup au plai-
« sir que sa vue nous fait éprouver; mais ce
« qui me paroît impossible, c'est de jouir
« sans fatigue et sans gêne des beautés d'exé-
« cution par-tout où ce mérite-là manque.
« Voilà pourquoi nous admirons à loisir les
« tableaux du Poussin et de Raphaël, sans
« songer à chaque instant qu'ils sont parfai-
« tement composés; tandis que, pour décou-
« vrir un grand talent dans d'autres tableaux
« moins parfaits à cet égard, nous avons be-
« soin de les étudier, et de nous dire qu'il peut
« se trouver à côté d'un pareil défaut. »

Aussi y a-t-il deux choses que je regrette presque également; une bonne composition là où je trouve une exécution parfaite, et une bonne exécution où je vois une composition bien pensée. Le Salon offre plusieurs exemples de ce dernier cas, entre autres un tableau de M. Lacroix, non numéroté, et représentant *Hector reprochant à Pâris sa lâcheté dans l'appartement d'Hélène*; c'est, dit-on, l'ouvrage d'un jeune homme qui débute; c'est, à coup sûr, celui d'un homme de sens : Pâris et Hélène sont assis, les yeux baissés, le visage couvert de honte ; Hector, debout à l'entrée de l'appartement, leur parle avec indignation ; les femmes d'Hélène, étonnées, lèvent seules la tête pour regarder le héros ; c'est une scène simple, bien ordonnée ; les expressions ont de la justesse : la couleur même a quelquefois de la vérité ; mais le pinceau manque de fermeté et le dessin de correction ; ce sont là de grands défauts : si M. Lacroix s'en corrige en poursuivant ses études, il doit parvenir à faire de bons ouvrages.

Un tableau de M. Hersent (n° 409), dont le sujet est *Fénélon ramenant à un paysan sa vache égarée*, quoique mieux dessiné et mieux peint, est dans le même cas : la composition en est sage, simple, naturelle ; les têtes ont de l'esprit, de la vérité ; la figure du paysan qui tombe à genoux pour baiser la main du digne archevêque, est pleine d'un abandon respectueux ; les expressions sont variées et convenables ; mais l'artiste ne paroît sûr ni de son crayon ni de son pinceau ; aussi sa manière n'est-elle point ferme. J'ai parlé de ces deux petits tableaux, parce qu'on ne sauroit, à mon avis, trop encourager le bon sens, d'autant qu'il devient rare.

Il y en a beaucoup, et du meilleur, car il est accompagné d'un vrai talent, dans un tableau de M. Lejeune, qui représente *la bataille de Somo-Sierra, en Castille* (n° 479) : M. Lejeune est du nombre de ceux qui ont adopté, pour les sujets nationaux, les figures de petites dimensions, et peut-être celui qui les a employées avec le plus de succès ; on a remarqué dans tous ses ouvrages beaucoup d'esprit, de variété dans les expressions, dans les poses, beaucoup d'ensemble et d'effet dans la composition : les mêmes mérites reparoissent dans son nouveau tableau ; les devans sont pleins, sans être encombrés ; les figures, d'un bon style, ont à la fois du naturel et du fini, du mouvement sans trivialité ; la perspective est bien entendue ; l'œil suit la gradation des plans avec d'autant plus de plaisir, qu'il la cherche quelquefois en vain dans les tableaux de nos plus grands artistes. Il me semble que nous retrouvons encore ici l'influence de l'étude de la sculpture sur l'École. Accoutumés à étudier dans les statues des figures isolées, nos peintres négligent trop l'art de les grouper et de les placer convenablement dans l'espace : leurs yeux savent mieux juger des formes que des distances et des effets de l'air dans la nature : ils ont appris à bien exécuter chaque figure séparément, et lorsqu'ils ont à rassembler beaucoup de figures dans un même lieu, leurs tableaux se ressentent de ce caractère de leurs études ; aussi passent-ils, en général, trop rapidement des premiers plans aux derniers ; témoin le tableau de M. Girodet, où, au-delà du quatrième plan, il n'y a presque plus de perspective ; témoin sur-tout la figure d'un sapeur dans le tableau de M. David, qui représente *le Serment des troupes après la distribution des aigles* (n° 188). D'après la gradation des plans, le bras de cette figure se prolonge à plus de six pieds au-delà du corps : il est évident que le peintre, après avoir dessiné son sapeur tout seul, a oublié de le rapporter convenablement à ceux qui le touchent. S'il étoit possible qu'un sculpteur voulût représenter une action comprenant un grand nombre de personnages ou même de groupes, il les exécuteroit séparément et les mettroit ensuite, dans un lieu quelconque, à la distance et à la place prescrites par les circonstances de l'action : nous aurions alors en marbre une représentation fidèle de la scène; on diroit que nos peintres font d'abord comme le sculpteur; mais n'ayant à leur disposition qu'une surface plane, et ne connoissant pas assez les effets de perspective qui suppléent au défaut de profondeur, ils placent souvent mal leurs figures, et même, quand elles sont bien placées, ne les entourent pas d'assez d'air, d'assez de vapeur, pour faire sentir comment elles se groupent, avancent, reculent et occupent chacune sur le théâtre de l'action une place que rendent distincte et les plans et la manière dont ils sont éclairés. Ils réussissent bien quelquefois dans les quatre ou cinq premiers plans qu'ils étudient avec soin; au-delà ils échouent. Pourquoi ne rencontre-t-on pas ce défaut dans les compositions de M. Gros? parce que M. Gros est un peintre éminemment original dont le talent est tout vérité, et qui, moins occupé que ses rivaux de la noblesse du style, s'attache à observer et à retracer la nature; aussi la connoît-il mieux : ses lointains sont vrais, ses plans se dégradent bien, ses figures se marient bien avec l'air qui les environne; ses contours ne sont ni secs ni roides. Les contours du corps humain, ou de ses vêtemens, et ceux des statues de marbre, se détachent dans l'atmosphère d'une manière toute différente : susceptibles de mouvemens et d'ondulations, changeant parfois de couleur et d'apparence, les premiers se fondent davantage et plus doucement que les seconds avec le fluide vaporeux au sein duquel ils vivent et s'agitent : il y a, si je puis me servir de cette expression, plus d'affinité entre l'air et le corps de l'homme qu'entre l'air et le marbre; une figure humaine, seule au milieu de l'espace, ne paroît ni aussi isolée, ni aussi tranchante sur le fond, qu'une statue. Cette différence devient sensible, quand on compare le *Pyr-*

rhus et *Andromaque*, de M. Guérin, avec les tableaux de M. Gros; par exemple, avec sa *Reddition de Madrid* : j'admire plus que personne l'*Andromaque*, mais je ne puis m'empêcher de trouver dans la manière dont le peintre a détaché ses figures du fond quelque chose qui rappelle le statuaire : il les a, si j'ose le dire, trop séparées de l'air qu'elles respirent; cet air doit pénétrer leurs vêtemens, et jusqu'à leur peau; c'est leur vie, leur haleine; elles mourroient, si on l'ôtoit; et voilà ce que je ne sens pas devant le tableau de M. Guérin; il y a de l'air dans la salle, mais il n'approche pas des personnages, ne les touche pas; ne sort pas de leur bouche, ne produit pas sur eux, sur leur costume, une impression quelconque; tandis que devant le tableau de M. Gros, je crois voir des êtres vivans, animés, dont les contours sont modifiés par l'air qui les entoure, qui est leur élément, qui pénètre à travers leurs pores. Cette apparence ajoute une nouvelle vérité à celle des expressions, des attitudes, et il en résulte dans le groupe entier des Espagnols supplians une souplesse, une chaleur admirables ; tandis que M. Guérin a peut-être laissé dans ses figures un peu d'immobilité et de roideur. Ce défaut est né sans doute de l'étude des statues ; et cependant combien les Grecs recommandoient à leurs artistes d'éviter la sécheresse et la roideur des lignes droites ! (1)

L'*esquisse de la Bataille de Wagram* (n° 391), de M. Gros, peut fournir un nouvel exemple de la verve et de la vérité de son pinceau ; le style en est pur et même noble. En général, cet artiste semble avoir donné cette année un soin particulier à la correction du dessin, et ce soin a prouvé qu'il ne le cédoit à personne dans cette importante partie de l'Art. Son *esquisse de Wagram* fait tort à quelques autres Batailles de mêmes dimensions placées auprès, et qui cependant ne sont pas sans mérite ; comme la *Bataille de Rivoli*, de M. Vernet (n° 829) ; la *fin de la Bataille d'Austerlitz*, de M. Meynier (n° 571) ; la *Prise*

(1) *Recherches sur l'Art statuaire*, p. 274.

de Ratisbonne, de M. Thévenin (nº 775); la *Bataille d'Ebersberg*, de M. Taunay (nº 754), etc. Forcé de me borner dans cet aperçu rapide, je n'entre dans aucun détail sur ces tableaux, que recommandent assez les noms de leurs auteurs, pour pouvoir dire un mot des portraits et de l'exposition des statues.

A Thèbes, une loi condamnoit à une amende tout peintre qui avoit fait un mauvais portrait (1). Que de gens seroient intéressés à s'opposer au retour de cette loi rigoureuse ! Il n'y a personne aujourd'hui qui ne fasse faire son portrait, et aucun artiste qui, lorsqu'il a fait un portrait, ne le veuille mettre au Salon : victimes de ces deux vanités, que deviendront les regardans ? comment le public se formera-t-il un goût sûr et éclairé ? Les connoisseurs savent choisir ; mais le public ne sait que voir, et c'est en ne lui faisant voir que de bonnes choses que les anciens l'avoient rendu connoisseur : il faut convenir que nous ne suivons pas leur

(1) ÆLIAN. VAR., *Hist.*, l. IV, c. 4.

exemple. La salle d'entrée et les embrasures des croisées de la galerie d'Apollon sont remplies des portraits les plus décidément médiocres ou hideux que l'œil puisse voir et l'esprit imaginer. C'est avec un vif sentiment de plaisir que l'on aperçoit au bout de la galerie d'Apollon le beau portrait de M. de C...., par M. Girodet (nº 373), dont j'ai déjà parlé, et qui, bien qu'un peu noir, frappe vivement par la vérité de l'imitation, la noblesse et l'énergie du style. Alors on se sent à l'aise ; on entre dans la grande rotonde, et bientôt les magnifiques portraits qui se présentent font oublier un premier moment fâcheux. Le plus parfait est peut-être celui de *madame la comtesse de P...*, *en pelisse et robe de velours bleu* (nº 374), par M. Girodet ; vérité de ton, élégance des contours, grace et fini du pinceau ; tout s'y réunit pour rappeler la manière des maîtres de l'École italienne, et sur-tout les belles têtes de Léonard de Vinci, comme celle de la belle Féronnière ; on y reconnoît cette harmonie suave sans mollesse, cette pureté sans roideur, cet heureux talent de conserver toutes les beautés de la nature, en y ajoutant celles de la perfection de l'Art: il n'est aucune galerie qu'un tel tableau ne pût orner. M. Girodet a exposé aussi (nº 376) le portrait d'*une jeune personne tenant un bouquet de violettes*, dont la tête est charmante. Ses autres portraits de femmes pèchent, à mon avis, par la couleur qui en est un peu grise et morte.

M. Gérard s'est surpassé lui-même dans le *portrait de madame V*..... (nº 354); elle est debout, au milieu d'un paysage; grace et vérité, voilà ce qui frappe, à la vue de ce tableau, les moins connoisseurs: le pinceau de M. Gérard a répandu sur toute la figure une douceur, une souplesse et une noblesse charmantes; les accessoires, ajustés à merveille, en augmentent encore l'effet, et concourent à cette harmonie générale dont aucun artiste peut-être n'entend aussi bien les secrets. Parmi les portraits en buste, celui de *son A. le prince de Ponte-Corvo, prince royal de Suède* (nº 357), et *celui de M. Redouté* (nº 361), m'ont paru les plus remarquables; l'un par une grande fermeté, une extrême chaleur de pinceau; l'autre par une vérité et une simplicité rares.

M. Prud'hon a exposé deux belles têtes, un *portrait d'homme* (n° 666) et une *tête de Vierge* (n° 665); cette dernière sur-tout est d'une grace très-séduisante : l'expression en est douce, timide, pleine de jeunesse et de pureté; la couleur en est brillante, peut-être trop; il y a beaucoup d'art et un peu de manière dans cette extrême suavité de pinceau qui dégénère si facilement en mollesse : à force de fondre les contours, de ne rien arrêter, de ne présenter à l'œil que des formes indéterminées, on tombe dans un vague, une incertitude qui mènent à l'incorrection; et quant au coloris, son éclat, lorsqu'il n'est pas uni à de l'énergie, nuit souvent à la vérité.

Enfin, M. Robert-Lefèvre n'est resté en arrière de personne : son *Portrait en pied de madame la comtesse de D....* (n° 695) est charmant; la pose en est agréable, la couleur vraie, le fond et les accessoires bien entendus. Celui de *S. M. l'Empereur* (n° 692) et la *Tête d'étude* qui s'y rapporte (n° 693), sont d'une ressemblance frappante et peints à merveille : j'en pourrois citer plusieurs autres où l'artiste a soutenu dignement sa réputation.

Après avoir indiqué séparément les ouvrages des peintres les plus distingués, je dois dire que parmi les portraits du second ordre, il en est, et en grand nombre, de fort agréables, bien dessinés, bien peints, d'un bon effet, quelquefois un peu durs, d'autres fois un peu mous; mais donnant une idée fort avantageuse du talent de l'auteur. Tels sont ceux de M. Riesener (nos 680, 683, etc.), ceux de M. Fabre (nos 293, etc.), ceux de Mme Auzou (nos 23, 24, etc.), et beaucoup d'autres. En général, l'art de peindre le portrait est porté aujourd'hui à une rare perfection, et peut-être en retrouve-t-on l'influence jusque dans les tableaux d'histoire, où les extrémités, sur-tout les têtes et les mains, sont souvent fort belles : c'est que nos plus grands artistes, M. Girodet, M. Gros, M. Gérard, les ont beaucoup étudiées d'après nature, non uniquement pour étudier, comme on fait quand on copie le modèle, mais pour imiter et imiter en embellissant. Aussi trouve-t-on en général dans les tableaux des peintres distingués qui font beaucoup de portraits, comme Mrs Gérard et Robert-Lefèvre, une couleur meilleure et plus naturelle que dans ceux des autres peintres. Comment croire que l'École actuelle puisse abonder en bons coloristes lorsqu'on voit des maîtres, sortis de son sein, enseigner à peindre à leurs élèves, en leur donnant d'abord pour modèles des plâtres? L'œil, bientôt faussé, s'accoutume à prendre pour vraie une couleur grise, froide; il méconnoît les variations du teint, les nuances du sang, de la chair : est-ce ainsi que se forme un peintre? Que deviennent alors les apparences colorées des corps? Les négliger cependant, c'est oublier quelle est l'essence de l'Art : la sculpture fait toucher, la peinture fait voir : tout ce qui s'adresse à l'œil est donc de la plus haute importance pour le peintre : et qu'est-il de plus important que la couleur, dont l'œil est l'unique juge, qui n'est faite que pour lui? La plupart de nos peintres semblent n'avoir étudié qu'une partie du coloris, celle qui sert, par les ombres et les dégradations, à faire sentir les formes; c'est encore là une nouvelle preuve de l'influence prédominante qu'exerce sur eux l'étude des statues : forcés, pour les transporter sur la toile, d'apprendre à les y faire tourner, ils se sont familiarisés avec la théorie des clairs et des ombres; ils connoissent les effets de la lumière et savent les rendre; tout cela se rapporte aux formes, à leur rondeur; leurs *académies* même, peintes d'après nature, paroissent souvent des copies de statues : elles tournent bien, mais on n'y voit que du gris et du blanc. Cette couleur qui vient *du dessous*, de la transparence de la peau, du mouvement du sang, n'y est presque jamais, et cependant elle devroit, je le répète, être un des premiers objets de l'attention et des travaux du peintre, puisque son art seul peut la représenter, tandis que la représentation des formes appartient également à la sculpture. Le soin que l'École actuelle donne aux formes, aux dépens de la couleur, prouve clairement qu'elle méconnoît le domaine particulier de la peinture, et qu'elle suit trop exclusivement les traces des statuaires, puisqu'elle oublie de s'appliquer à une partie de l'Art dont elle ne trouve pas et ne peut trouver chez eux le modèle.

De leur côté, nos statuaires modernes, ceux du moins qui exécutent des figures nues et de leur choix, semblent prendre à tâche d'outrer les belles formes : trop pauvres d'invention, trop peu sûrs du charme de leur ciseau pour donner au marbre une beauté simple, facile et animée, ils croient y suppléer en exagérant la beauté telle que la déterminent les règles ; ainsi ils rendent les paupières plus longues, les lignes du front et du nez plus droites, la distance du nez à la bouche plus courte, et se flattent peut-être d'avoir créé ainsi de belles têtes. Que l'on regarde *l'Amitié consolant l'Amour* (nº 1004), de M. Matte ; la *Psyché* de M. Milhomme (nº 1012) ; *l'Aconce*, de M. Mansion (nº 1000), on y reconnoîtra cette recherche, et l'on sera frappé sans doute du défaut d'imagination, de création dans l'expression des têtes, qui l'accompagne. Un groupe de M. Bosio, qui représente *l'Amour séduisant l'Innocence* (n° 915), mérite d'être distingué : on pourroit faire plusieurs reproches, même à la figure de l'Innocence; mais enfin elle a un caractère sorti du cerveau de l'artiste, et qui se rapporte assez bien à son nom. Celle de l'*Hyménée*, par M. Cardelli (n° 926), n'en est pas dépourvue. En général, la tendance de nos statuaires vers la beauté, et cette naïveté d'expression si admirable dans l'antique, se fait sentir dans tous leurs ouvrages; mais on n'arrive pas à l'une en outrant les belles formes, et cette exagération même nuit à l'autre; car, hors de la vérité point de naïveté. Une petite statue de feu M. Chaudet en est la meilleure preuve; c'est *Cyparisse pleurant son cerf* (n° 934) : il n'est personne qui ne contemple avec un plaisir toujours croissant cette charmante figure, pleine de simplicité, de pureté, d'abandon; la pose est gracieuse parce qu'elle est facile; la tête est naïve, vraie; son expression est une expression qu'on n'a point vue ailleurs, qui rappelle l'antique sans rappeler telle ou telle statue en particulier. Peut-être la position du cerf, que le jeune berger soutient du bras droit, nuit-elle un peu au développement des formes de ce côté du torse; mais le côté opposé, les cuisses, les jambes, sont d'une correction et d'une élégance rares; les emmanchemens des genoux et des coudes sont sentis avec une vérité et fondus avec une délicatessse infinie: cette petite figure est si poétiquement conçue, et exécutée avec tant de talent, qu'elle forme à elle seule une scène intéressante, et rappelle ces vers où Ovide dit, en parlant de ce cerf tant pleuré:

> Qui l'aima plus que toi, jeune et beau Cyparisse ?
> Tu le menois aux prés parfumés de mélisse;
> Tu le désaltérois dans les plus purs ruisseaux;
> Tu le parois de fleurs et de festons nouveaux.
>
> *Gratus erat, Cyparisse, tibi. Tu pabula cervum*
> *Ad nova, tu liquidi ducebas fontis ad undam:*
> *Tu modo texebas varios per cornua flores.*
>
> Metam., lib. X, § 5.

C'est encore à un homme dont les Arts regrettent la perte (M. Moitte) que l'exposition doit une statue qui, bien que d'une exécution imparfaite et grossière, ne peut être l'ouvrage que d'un sculpteur très-distingué; c'est la statue de *Dominique Cassini* (nº 1013) : il faut, je le répète, n'en pas considérer le travail; mais la tête a du caractère, elle médite profondément; la pose en est noble et naturelle; il y a dans toute la figure de la vérité et de la vie : ce sont les mérites les plus importans, et aujourd'hui les plus rares.

Je terminerai ici cet aperçu rapide : peut-être auroit-il été plus intéressant si j'en avois plus développé les idées, si je les avois appliquées à de nouveaux objets, étayées de nouvelles preuves; mais j'ai dû me borner; j'en aurai dit assez si ce que j'ai dit est vrai. Il n'est qu'une chose dont je sois sûr, c'est de la sincérité de mes observations et du sentiment qui les a dictées; je ne veux plus que rappeler deux faits : « L'amour de la gloire, dit Pétrone, a existé « dans les artistes tant que les peuples et les « rois ont honoré les Arts; quand l'amour « de l'argent chassa ce respect du cœur

« des hommes, les artistes eux-mêmes dé« churent. » (1)

Que nos artistes conservent donc ces sentimens désintéressés qui font la moralité du talent et en assurent la gloire : une honorable considération est l'encouragement le plus efficace et la plus précieuse récompense qu'ils puissent obtenir. L'amour de l'or fait faire beaucoup de choses difficiles ; l'amour de l'Art produit seul les chefs-d'œuvre. Ce qui rend presque certaines les espérances que doit inspirer l'état des Arts en France, c'est qu'ils sont vraiment en honneur auprès du Souverain et auprès du public. Mais ce public a besoin d'être éclairé ; son goût est encore peu délicat et peu sûr : si les artistes qu'il considère déjà veulent lui apprendre à les bien juger, qu'ils ne lui laissent voir ni préventions d'École ni animosités de parti ; qu'ils

---

(1) *Duravit artificibus generosus veræ laudis amor, quamdiù populis regibusque artium reverentia mansit ; et postquàm pecuniæ amor eam ex animis hominum ejecit, defecerunt et ipsi artifices.*

Petron, de Artis exit.

lui donnent pas lieu de croire que des rivalités d'amour-propre ont une grande influence sur leurs propres idées et leurs propres décisions. Lorsque Vespasien, après de longues discordes civiles, eut rassemblé les tableaux et les statues qui avoient échappé à leurs fureurs, il voulut déposer ce *trésor* national dans un lieu où les peintres, les statuaires, les savans de Rome, pussent venir l'admirer et s'en entretenir : jaloux de leur offrir à la fois une sage leçon et de beaux modèles, il choisit le Temple de la Paix.

FIN.

www.ingramcontent.com/pod-product-compliance
Ingram Content Group UK Ltd.
Pitfield, Milton Keynes, MK11 3LW, UK
UKHW022111190726
13855UKWH00002B/777